Alex Eventov

Kooperationspflichten in einem Werkvertrag

Alex Eventov

Kooperationspflichten in einem Werkvertrag

Vorschlag zum §19 VOB/B - Kooperationspflichten

Lehrbuchverlag

Imprint
Any brand names and product names mentioned in this book are subject to trademark, brand or patent protection and are trademarks or registered trademarks of their respective holders. The use of brand names, product names, common names, trade names, product descriptions etc. even without a particular marking in this work is in no way to be construed to mean that such names may be regarded as unrestricted in respect of trademark and brand protection legislation and could thus be used by anyone.

Cover image: www.ingimage.com

Publisher:
Der Lehrbuchverlag
is a trademark of
International Book Market Service Ltd., member of OmniScriptum Publishing Group
17 Meldrum Street, Beau Bassin 71504, Mauritius

Printed at: see last page
ISBN: 978-620-0-27251-5

Abstract

„Verehrte Grinsekatze, würdest du mir bitte verraten, welchen Weg ich einschlagen muss, um von hier aus weg zu kommen?
Das hängt in beträchtlichem Maße davon ab, wohin du gehen willst
Ach wohin ist mir eigentlich gleich
Dann ist es auch allerlei, wie du weitergehst".

Alice im Wunderland

Im Sommer 2016 habe ich den bisherigen Höhepunkt meiner beruflichen Karriere erreicht. Nach drei Jahren Beschäftigung als Bauleiter in einem mittelständischen Unternehmen, welches sich erfolgreich in der Baubranche, speziell im Gewerk „Baustelleneinrichtung" entwickelt hat, habe ich die Regionalleitung für den Bereich Deutschland Mitte übernommen. Jedoch bemerkte ich gleichzeitig, je mehr sich mein vierzigster Geburtstag näherte, das verstärkte Gefühl, dass mir etwas Neues für mein allgemeines Wohlbefinden fehlte. Ein neuer Impuls, eine neue Motivation, ein Perspektivenwechsel.

Ich habe sehr viel Zeit mit dem Gedanken verbracht, welchen neuen Weg ich einschlagen könnte, der meinen Wunsch nach einer neuen Herausforderung erfüllt und mich wieder für einen neuen Lebensabschnitt begeistert. Schließlich habe ich nach zahlreichen Gesprächen, insbesondere mit meiner Frau Erika und meinem Bruder Semjon, auf dessen Empfehlung hin diesen berufsbegleitenden Masterstudiengang angefangen. Das Studium löste in mir einen unglaublichen Veränderungsprozess aus, der dazu führte, dass ich meine Vorstellung über die Berufsethik neu bewertet und gewichtet habe. Daraus ist das Interesse über das Thema Kooperationspflichten entstanden, welches ich gerne in der nachfolgenden Arbeit vertiefen möchte.

An dieser Stelle möchte ich es auch nicht versäumen, mich ganz herzlich bei meinem Erstprüfer Herrn Dr. Frank Peter Ohler für seine fachlich kompetente Begleitung und Unterstützung zu bedanken, sowie bei meinem Zweitprüfer Herrn Prof. Dr. Ralf Schottke für das neu vermittelte Wissen während des Studiengangs, bei Herrn Oliver Karrié für die finanzielle Unterstützung und bei meiner Schwägerin Regina Hefle für die Korrekturlesung und Hilfe bei den Literaturrecherchen.

Mein Dank gilt auch meinem Vater Boris, der mich auf meinem Studienweg immer wieder motiviert und unterstützt hat. Meiner Frau und meinem neunjährigen Sohn Maximilian, die auf mich während meines zweijährigen Studiums immer wieder an den Vorlesungswochenenden verzichten mussten.

In Gedenken widme ich diese Arbeit meiner im Jahr 2001 verstorbenen Mutter Irina, die meiner Bildung einen besonderen Stellenwert beigemessen hatte.

Inhaltsverzeichnis

Abstract ... 2

1 Einführung ... 7

1.1 Problemdarstellung ... 7
1.2 Zielsetzung ... 8
1.3 Vorgehensweise ... 9

2 Historische Hintergründe des BGB ... 10

2.1 Die Entstehung ... 10
2.2 Das BGB im Kaiserreich ... 12
2.3 Das BGB in der Weimarer Epoche ... 15
2.4 Das BGB im Dritten Reich ... 18
2.5 Das BGB in der Bundesrepublik Deutschland ... 19
2.6 Resümee ... 21

3 Historische Hintergründe der VOB ... 22

3.1 VOB die Entstehung ... 22
3.2 VOB die Entwicklung ... 26

4 Kooperation als Produkt der Rechtsprechung ... 28

4.1 Allgemeiner Begriff der Kooperation ... 28
4.2 Baubetrieblicher Begriff der Kooperation ... 29
4.3 Rechtsgrundlage von Kooperationspflichten ... 32

4.3.1 Abgrenzung zwischen Pflichten und Obliegenheiten ... 32
4.3.2 Abgrenzung zwischen BGB und VOB ... 33
4.3.3 Rechte und Pflichten der Vertragsparteien in einem VOB- bzw. BGB-Werkvertrag bis 31.12. 2017 ... 35
4.3.4 Mitwirkungsrechte und -pflichten der Vertragsparteien ... 37

4.3.4.1 Bereitstellungsrechte und -pflichten der Vertragsparteien 38
4.3.4.2 Koordinationsrechte und -pflichten der Vertragsparteien 39
4.3.4.3 Informationsrechte und -pflichten der Vertragsparteien 40
4.3.4.4 Verhandlungspflichten der Vertragsparteien 43
4.3.4.5 Abrechnungsrechte und -pflichten der Vertragsparteien 46
4.3.4.6 Fürsorgepflichten der Vertragsparteien 51

4.4 Rechtsprechung zu Kooperationspflichten bis 31.12. 2017 53

4.4.1 BGH Urteil vom 23.05.1996 – Ankündigungspflicht 53
4.4.2 BGH Urteil vom 28.10.1999 – Kooperation 56
4.4.3 BGH Urteil vom 09.11.2000 – Bauhandwerkersicherung 60
4.4.4 BGH Urteil vom 22.06.2003 – Gemeinsames Aufmaß 61
4.4.5 BGH Urteil vom 10.05.2007 – Kooperationsgebot 61
4.4.6 OLG Köln Urteil vom 27.04.2001 - Schürmann-Bau 63
4.4.7 OLG Düsseldorf Urteil vom 07.06.2000 – Rechte und Pflichten der Vertragsparteien eines Bauvertrages 64

5 Neues BGB Werkvertragsrecht seit 01.01.2018 66

5.1 Überblick der geänderten Gesetze 66
5.2 Neues BGB Buch 2, Titel 9, Untertitel 1, Kapitel 1 67

5.2.1 § 632a Abschlagszahlungen 67
5.2.2 § 640 Abnahme 69
5.2.3 § 650g Zustandsfeststellung bei Verweigerung der Abnahme, Schlussrechnung 70
5.2.4 § 648a Kündigung aus wichtigem Grund 74
5.2.5 § 650b Änderung des Vertrages; Anordnungsrecht des Bestellers 75

5.3 Zusammenfassung 77

6 Kooperation durch Streitschlichtung 78

6.1 Sinnhaftigkeit einer Schlichtung 78
6.2 Abgrenzung der Begrifflichkeiten 79
6.3 Vorteile einer Kooperation durch Schlichtung 83

6.3.1 Unternehmerisches Denken 83
6.3.2 Objektive Chanceneinschätzung 83

6.3.3 Verantwortungsteilung 83
6.3.4 Einwandfreie Dokumentation und Rechtfertigung 84
6.3.5 Verjährungshemmung..84

6.4 Projektbegleitende Schlichtung 85

7 Praxisbezogene Problemdarstellungen und deren Lösungsansätze 86

7.1 Pufferzeiten..86

7.1.1 Verschleierung der Pufferzeiten in einem Terminplan..86
7.1.2 Ungenutzter Puffer..92
7.1.3 Gewinnbeteiligung vom Auftragnehmer..94

7.2 Gemeinsame Fortschreibung der Terminpläne 96
7.3 Gemeinsame Dokumentation 97
7.4 Gemeinsame Problemfeststellung und – lösung vor Ort 99
7.5 Leistungen vor Abnahme schützen. Problem des AN ? 100
7.6 Prüfbarkeit einer Rechnung 102
7.7 Zwingende Schlichtung vor Rechtsstreit 103
7.8 Einvernehmliche Vertragsauflösung..104

8 Formulierungsvorschlag des § 19 VOB/B „Kooperationspflichten“ 106

8.1 Wie hoch sind die Chancen? 106
8.2 Ist Baufortschritt ein Rechtsgut?..107
8.3 Vorschlag: § 19 VOB/B – Kooperationspflichten 110

9 Schlussbetrachtung 114

Literaturverzeichnis 117

1 Einführung

1.1 Problemdarstellung

Die deutsche Bauindustrie erlebt gerade ihre Hochkonjunkturphase. Dementsprechend arbeiten derzeit besonders viele private Investoren, öffentliche Auftraggeber, Architekten und Bauunternehmer an der Umsetzung zahlreicher anspruchsvoller Projekte zusammen. Meistens werden solche Vorhaben unter einem sehr hohen Termin- und Kostendruck abgewickelt, wodurch bei den beteiligten Parteien schnell unterschiedliche Interessenlagen entstehen und diese wiederum naturgemäß zu einem hohen Konfliktpotenzial führen.

Erschwerend hinzu kommt noch die Tatsache, dass ein Bauprozess immer sehr individuell gestaltet ist und sich somit nur selten durch eine nachträgliche Fehleranalyse auf Basis der sich ständig wiederholenden Fertigungsprozesse, wie z. B. bei der Automobilindustrie, in der erneuten Planungsphase optimieren lässt. Daher sind die Planungs- und Ausführungsfehler in einem Bauprozess nicht vermeidbar. Oft lässt es sich auch sehr schwer nachvollziehen auf welche Verantwortungssphäre diejenige Ursache, die für die eingetretene Bauablaufstörung eindeutig verantwortlich ist, zurückgeführt werden kann. Besonders bei konkurrierenden Störungen wird es wohl nur mit einer umfassenden und sehr aufwendigen Analyse eventuell möglich sein eine entscheidende Störungsursache zu identifizieren.

Ungeachtet dessen wird in der Praxis von den Beteiligten aufgrund der unentbehrlichen Notwendigkeit der Kostenklärung versucht, diese Problematik ausführlich zu diskutieren um doch noch eine eindeutige Störungsursache, verbunden mit einer Schuldzuweisung und daraufhin folgenden Kostenbelastung, zu finden. Diese Klärung erfordert jedoch zusätzliche Kapazitäten, sowie zeitliche Ressourcen und verursacht damit weitere Aufwendungen, die in manchen Fällen die Kosten der eigentlichen Baustörung übersteigen. Es wird also nicht zunächst gemeinsam an einer Lösung gearbeitet, die möglichst schnell die Störung behebt und einen reibungslosen Fertigungsprozess wiederherstellt. Stattdessen werden zwei Fronten aufgebaut, die sich äußerst kontrovers mit Problemrecherchen beschäftigen und damit weitere unnötige Kosten, bzw. Ressourcenverschwendung verursachen. Die eigentliche Problemlösung wird dabei völlig außer Acht gelassen und die daraus folgenden zeitlichen und monetären Konsequenzen weiter verschlimmert.

Abschließend bringen die lang andauernden Bauprozesse die mittelständischen Unternehmen oder Auftraggeber an ihre Existenzgrenzen, ohne einer im Ergebnis klärenden und richtungsweisenden Rechtsprechung, die zukunftsorientierte Vorgaben schafft und sich klar positioniert.

1.2 Zielsetzung

Das Ziel dieser Arbeit soll darin bestehen, an den im Ursprung des VOB zugrunde liegenden Kooperationsgedanken anzuknüpfen und eine möglichst für alle Beteiligten nachhaltige und akzeptable Lösung für eine gemeinsame Behebung der nicht vermeidbar auftretenden Bauablaufstörungen herauszuarbeiten. Es soll gewährleistet werden, dass die in der Regel notwendigen, baubegleitenden Fehlerkorrekturen effektiv und unkompliziert auf der operativen Ebene gemeinsam durchgeführt werden.

Der sofortige Handlungs- und Entscheidungswille vor Ort soll durch die vereinbarten Vertragsordnungen begünstigt, unterstützt, gefördert und erleichtert werden. Dabei soll sichergestellt werden, dass eine gemeinsame Handlung oder Entscheidung vor Ort immer als grundsätzlich richtig eingestuft wird und durch die allgemeinen Vertragsordnungen im Gegensatz zu einer einseitigen Anordnung präferiert wird. Dabei soll der Gedanke von Prof. Dr. Ralf Schottke, dass *„Nichtstun nicht zu den größeren Vorteilen führen darf, als Handeln“,* in den Vordergrund gestellt werden.

Es muss sichergestellt werden, dass einerseits wieder die Zusammenarbeit und Kooperation im Fokus der Interessen aller Beteiligten stehen und andererseits klare gesetzliche oder vertragliche Regelungen existieren, die eine solche Mitarbeit fördern. Der Raum für eine potenzielle Konfliktentstehung soll maximal verringert werden.

Als Ergebnis soll ein Formulierungsvorschlag für den § 19 VOB/B mit der Überschrift "Kooperationspflichten" herausgearbeitet werden. Aus diesen Pflichten sollen auch Rechte und damit verbundene Vorteile ableitet werden, welche eine Kooperation fördern.

1.3 Vorgehensweise

Zunächst soll untersucht werden welche VOB/B Passagen bereits einen Kooperationsgedanken beinhalten und welche vielmehr ein Konfliktpotenzial mit sich bringen. Auch das BGB Werkvertragsrecht soll auf der Grundlage dieser Eigenschaften untersucht werden.

Danach folgt die Vorstellung und Bewertung von den Bauabläufen, die konfliktbehaftet sind und einer besseren Regelung im Sinne der Kooperation bedürfen. Als Beispiel ist die jetzige VOB Regelung für eine Vertragsauflösung aus wichtigem Grund sehr polarisierend gestaltet, sodass sich in den meisten Praxissituationen nicht eindeutig zuordnen lässt, ob ein wichtiger Grund für eine Kündigung vorliegt und damit auch der Schadensersatzanspruch berechtigt ist oder nicht. Hier soll eine Lösung herausgearbeitet werden, welche eine Alternative zu den Paragraphen 8(1) und 8(3) VOB/B darstellt. Weitere Themen, wie z. B. Offenlegung und gemeinsamer Umgang mit den kalkulierten Pufferzeiten, gemeinsame Fortschreibung der Bauzeitenpläne vor Ort, welche automatisch Vertragsbestandteil werden, Rückzahlung der BGK und als Gegengewicht dazu eine Gewinnbeteiligung des Auftragnehmers bei einer Bauzeitverkürzung oder eine Pflicht zur gemeinsamen Dokumentation der Bauablaufstörungen, sollen detaillierter untersucht werden.

Schließlich erfolgt ein konkreter Formulierungsvorschlag für einen neuen VOB/B Paragraphen 19 „Kooperationspflichten“ und eine abschließende Zusammenfassung

2 Historische Hintergründe des BGB

„Die wesentlichen Materien des Bürgerlichen Rechts sind –trotz aller Änderungen immer noch im BGB von 1900 enthalten. Für sein Verständnis ist ein Rückblick auf die Geschichte seiner Entstehung unerlässlich."

Prof. Dr. Helmut Köhler

2.1 Die Entstehung

Durch den Zusammenschluss der deutschen Staaten zum Deutschen Reich von 1871 wurde der Weg von einer Reichseinheit zu einer Rechtseinheit frei. Doch das erwachende Nationalgefühl widersprach in vielerlei Hinsicht dem damals herrschenden Rechtszustand. Zu der Zeit galten in Deutschland neben den sogenannten Partikularrechten, wie das „Jutisch Low" oder der „Sachsenspiegel", gleichzeitig auch zahlreiche Privatrechtsordnungen und –systeme, nämlich das französische, preußische, bayrische, sächsische, österreichische, dänische und römische Recht und behinderten dadurch die Industrie, sowie den Handel und den Verkehr.[1]

Bezeichnenderweise hängt das historische Ereignis des Inkrafttretens des BGB am 1. Januar 1900 nun einmal mit einer runden Zahl zusammen. Denn in der Regel sind die Jahreszahlen, wie zum Beispiel 1800 oder 2000 im Vergleich zu den historischen Daten von 1914, 1945 oder 1989 ohne Bedeutung.[2] Bekanntlich war das BGB schon vor 1900 Thema des Kaiserreiches und ist daher nicht nur als „BGB des Kaiserreiches", sondern zugleich auch als das „BGB des Bismarckreiches" zu bezeichnen.

[1] Prof. Dr. Helmut Köhler, Bürgerliches Gesetzbuch, Einführung, 80 Auflage, 3 Juli 2017, S.XI
[2] Reinhard Damm, Das BGB im Wandel der Epochen, Uwe Diederichsen und Wolfgang Sellert (HG.), Göttingen: Vandenhoeck und Ruprecht, 2002, S. 17

Also eines Reiches, welches sich bis zur Entlassung Bismarcks am 15. März 1890 am besten mit dem berühmten Zitat des Kaisers Wilhelms I beschreiben lässt: „ *Es ist nicht leicht, unter einem solchen Kanzler Kaiser zu sein*„.[3]

Welches Ereignis nimmt man denn als Ursprung und Zäsur für die Geburt des BGB? Nach herrschender Literaturmeinung (Reinhard Damm, „Das BGB im Wandel der Epochen"; Dr. Helmut Köhler, Einführung zur 80-ten Auflage vom BGB, Hans Schulte-Nölke, „Das Reichsjustizamt und die Entstehung des Bürgerlichen Gesetzbuchs") war der Ausgang für die Entstehung des Bürgerlichen Gesetzbuchs das Kompetenzgesetz vom 20.12.1873 (Lex Miquel-Lasker)[4], indem auf Betreiben der Abgeordneten Lasker und Miquel die Reichsverfassung von 1871 geändert und Gesetzgebungszuständigkeit des Reiches für das gesamte bürgerliche Recht begründet wurde.[5]

„Das neugegründete Reich hatte noch keine Gesetze, und es brauchte Gesetze, einheitliche Gesetze, viele Gesetze".[6]

Bereits im Jahr 1874 erarbeitete eine Vorkommision den Plan und die Methode beim Entwurf eines Bürgerlichen Gesetzbuches und schon im nachfolgenden Jahr wurde die erste Kommission aus hohen Ministerbeamten und Richtern (darunter Planck), aber auch Professoren (darunter Windschein) berufen, die danach erst dreizehn Jahre später den ersten Entwurf mit sogenannten Motiven (Begründung) vorlegte. Dieser Entwurf wurde jedoch sofort einer heftigen Kritik, er sei zu umständlich, zu volksfern, zu wenig sozial, ausgesetzt.[7] Daher müsste eines der berühmtesten Zitate von Otto von Bismarck: *„Wer weiß, wie Gesetze und Würste zustande kommen, kann nachts nicht mehr ruhig schlafen"*, auch aus diesen Zeiten stammen. Als der Bundesrat daraufhin im Jahr 1890 die zweite Kommission berief, die nun auch aus Nichtjuristen bestand, benötigte diese weitere fünf Jahre bis sie den zweiten Entwurf, der auch deutlich knapper als der erste ausfiel, mit

---

[3] Reinhard Damm, Das BGB im Wandel der Epochen, Uwe Diederichsen und Wolfgang Sellert (HG.), Göttingen: Vandenhoeck und Ruprecht, 2002, S. 17
[4] Reinhard Damm, Das BGB im Wandel der Epochen, Uwe Diederichsen und Wolfgang Sellert (HG.), Göttingen: Vandenhoeck und Ruprecht, 2002, S. 12
[5] Prof. Dr. Helmut Köhler, Bürgerliches Gesetzbuch, Einführung, 80 Auflage, 3 Juli 2017, S.XI
[6] Thomas Nipperdey, Deutsche Geschichte 1866-1918, Bd.II, Machtstaat vor Demokratie, 1992, S.103
[7] Prof. Dr. Helmut Köhler, Bürgerliches Gesetzbuch, Einführung, 80 Auflage, 3 Juli 2017, S.XII

sogenannten Protokollen (Begründung) vorlegte. Schließlich ging aus der Beratung im Justizausschuss der dritte Entwurf, der dem Reichstag vorgelegt und durch das Parlament im Wesentlichen gebilligt wurde.[8]

Am 18. August 1896 wurde das Bürgerliche Gesetzbuch von Kaiser Wilhelm II ausgefertigt und ist am 1. Januar 1900 in Kraft getreten.[9]

2.2 Das BGB im Kaiserreich

Folglich war die Silvesternacht im Jahr 1900 die Nacht, in der der deutsche Bürger endlich sein einheitliches Recht bekam. Doch die eigentliche Frage, welche damals die Bürger beschäftigte, war folgende: wie soll das Bürgerliche Gesetzbuch ausgelegt werden? 7900 Richter, 6229 Rechtsanwälte und ein Teil der 677 Staatsanwälte (nach Justizstatistik für 1899) mussten sich nun mit dem neuen Gesetz auseinandersetzen.[10] Juristen, sowie insbesondere Richter, mussten damals eine in der Norm nicht vorgegebene Wertung für wertausfüllungsbedürftige Begriffe, wie z. B. „guten Sitten", „Treu und Glauben", „Unangemessenheit" oder „wichtiger Grund", vornehmen. Gleichzeitig war dies eine der größten Vorteile des neuen Gesetzes, denn durch die allgemeine Formulierung konnte bis zur heutigen Zeit zugleich ein Wechsel der Wertvorstellungen integriert werden.[11]

Bereits kurz nach dem Inkrafttreten des Gesetzes haben Rechtshistoriker diesem einen vielfach von der wirtschaftlichen und gesellschaftlichen Entwicklung überholten Rechtzustand und in der Folgezeit eine sich vergrößernde *„Distanz der Kodifikation zur Rechtswirklichkeit"* attestiert.[12] Die kodifikationsinterne Hauptaufgabe bestand darin *„dem Gesetz die Wurzeln einer zukünftigen Modernisierung einzu-*

---

[8] Prof. Dr. Helmut Köhler, Bürgerliches Gesetzbuch, Einführung, 80 Auflage, 3 Juli 2017, S.XII
[9] Prof. Dr. Helmut Köhler, Bürgerliches Gesetzbuch, Einführung, 80 Auflage, 3 Juli 2017, S.XII
[10] Reinhard Damm, Das BGB im Wandel der Epochen, Uwe Diederichsen und Wolfgang Sellert (HG.), Göttingen: Vandenhoeck und Ruprecht, 2002, S. 11
[11] Prof. Dr. Helmut Köhler, Bürgerliches Gesetzbuch, Einführung, 80 Auflage, 3 Juli 2017, S.XIV
[12] Hans Schlosser, Grundzüge der Neueren Privatgeschichte, 8 Auflage, 1996, S.167

pflanzen"[13] und *„die notwendige Modernisierung mußte der Zukunft überlassen werden"*[14].

Die Zukunft bereitete dem neuen Gesetz eine richtige „Feuertaufe"! Zurecht wird aus der Perspektive der allgemeinen Geschichte diese Zeit als die „Hauptzäsur" angesehen: Ende des Hochliberalismus um 1880, geistiger Umbruch und Aufbruch um 1900, Herstellung der Rechtseinheit zwischen 1873 und 1900, Ende der Monarchie und Weimarer Verfassung um 1918/19. Alle diese Daten kreisen aber um das Jahr 1914 und werden durch ihre Abstandmessung zu diesem Schicksalsjahr, der Urkatastrophe des Jahrhunderts, definiert.[15] Die Notwendigkeit der Kriegswirtschaft führt dazu, dass es zu erheblichen Eingriffen in die Eigentums- und Vertragsfreiheit im Sinne des „Kontrahierungszwanges" kommt.[16] Nichtsdestotrotz, dass die Abfolge Friedensrecht – Kriegsrecht - Friedensrecht nicht existierte, hatte vor allem das Vertragsrecht seine größte Bewährungsprobe gegen den Eingriff im Bereich Abschluss- und Inhaltsfreiheit zu bestehen.[17]

„Die Kriegswirtschaft hatte zum ersten Mal in der modernen Geschichte die existenziellen Sektoren der Wirtschaft, die Lebensmittel- und Rohstoffversorgung und die Verteilung der Arbeitskraft fast völlig der Marktwirtschaft entzogen und einer Zentralverwaltungswirtschaft untergestellt. In einer eigenen Mischung von gewinn gerichteter Privatwirtschaft, öffentlich-rechtlicher Zwangswirtschaft und gewerkschaftsrechtlicher Sozialpolitik wurde die Privatautonomie in weiten Bereichen suspendiert."[18]

Als Folge dessen kommt im Jahr 1915 das Gesetz zur Einschränkung der Verfügungen über Miet- und Pachtzinsforderungen mit Änderungen der §§ 573, 574, 1123, 1124 und wird auf Grundlage des sogenannten „Diktaturparagraphen" als

---

[13] Schulte-Nölke, Das Reichsjustizamt und die Entstehung des Bürgerlichen Gesetzbuchs, S. 284
[14] Schulte-Nölke, Das Reichsjustizamt und die Entstehung des Bürgerlichen Gesetzbuchs, S. 283
[15] Reinhard Damm, Das BGB im Wandel der Epochen, Uwe Diederichsen und Wolfgang Sellert (HG.), Göttingen: Vandenhoeck und Ruprecht, 2002, S. 18
[16] Prof. Dr. Helmut Köhler, Bürgerliches Gesetzbuch, Einführung, 80 Auflage, 3 Juli 2017, S.XXI
[17] Reinhard Damm, Das BGB im Wandel der Epochen, Uwe Diederichsen und Wolfgang Sellert (HG.), Göttingen: Vandenhoeck und Ruprecht, 2002, S. 19, 34
[18] Knut Wolfgang Nörr, Die Leiden des Privatrechts, Mohr Siebeck, 1994, S. 43

„Kardinalvorschrift der juristischen Mobilmachung“ in Gang gesetzt.[19] Als einen möglichen Grund dafür, dass das BGB letztendlich die kriegswirtschaftlichen Probleme trotzdem überstanden hat und diesen eine Lösung ohne weitere weitgehende Gesetzesänderungen ermöglichte, obgleich es in weiten Teilen bis heute nicht verändert worden sei, nannte Herr HENCKEL den § 134 BGB - Gesetzliches Verbot.[20]

Zusammenfassend stand die Rechtsprechung und Rechtswissenschaft, nachdem sich am 1. Januar 1900 die normativen Grundlagen richterlicher Entscheidungstätigkeit „mit einem Glockenschlag“[21] verändert haben, vor der Aufgabe, die Systematik des neuen Gesetzes zu erarbeiten und seinen Anwendungsbereich mittels der „Rechtsvereinheitlichung durch Rechtsprechung“ zu erschließen.[22] Die Zivilrichter wurden demnach gezwungen bei Rechtsstreitigkeiten von wirtschafts- und sozialpolitischer Bedeutung in der zentralen Frage des Kaiserreiches zu entscheiden, welche damals jedoch weder gesellschaftlich, noch rechtlich gelöst, geschweige denn schon kodifiziert waren. Somit ging z. B. durch die § 157 BGB (Auslegung nach Treu und Glauben) und § 133 BGB (Auslegung einer Willenserklärung) der Auftrag an den Richter den Willen der Kontrahenten zu erforschen und im Zweifel das Gebräuchliche als gewollt anzunehmen.[23]

Auch die daraus entstehende Entwicklung der *„clausula rebus sic stantibus“* als Grundlage des § 313 BGB (Störung der Geschäftsgrundlage) in einem besonders bezeichnenden Versicherungsfall einer englischen Versicherungsgesellschaft und des daraus folgenden Urteils vom 11.07.1916, unterlag der richterlichen Auslegung im Sinne des § 157 und § 242 BGB.

---

[19] Reinhard Damm, Das BGB im Wandel der Epochen, Uwe Diederichsen und Wolfgang Sellert (HG.), Göttingen: Vandenhoeck und Ruprecht, 2002, S. 26, 33

[20] Reinhard Damm, Das BGB im Wandel der Epochen, Uwe Diederichsen und Wolfgang Sellert (HG.), Göttingen: Vandenhoeck und Ruprecht, 2002, S. 60

[21] Reinhard Damm, Das BGB im Wandel der Epochen, Uwe Diederichsen und Wolfgang Sellert (HG.), Göttingen: Vandenhoeck und Ruprecht, 2002, S. 45

[22] Prof. Dr. Helmut Köhler, Bürgerliches Gesetzbuch, Einführung, 80 Auflage, 3 Juli 2017, S.XXI

[23] Reinhard Damm, Das BGB im Wandel der Epochen, Uwe Diederichsen und Wolfgang Sellert (HG.), Göttingen: Vandenhoeck und Ruprecht, 2002, S. 48

Die Unmöglichkeitsdoktrin wurde zur Lösung von Verträgen *„unter völlig veränderten, bei einem Abschluss nicht voraussehbaren Verhältnissen, nach diesem einzigartigen, alles umwälzenden Weltkrieg“*[24] unter der Berücksichtigung der Kriegsfolgen aus der Rechtsprechung zu einem neuen Prinzip entwickelt. So stellt sich abschließend betrachtet die Gesamtentwicklung des BGB im Kaiserreich als ein kontinuierlicher Wandel mit unterschiedlichen Fließgeschwindigkeiten in Zeiten des Friedens und des Krieges heraus.[25]

2.3 Das BGB in der Weimarer Epoche

Die katastrophalen wirtschaftlichen und sozialen Verhältnisse nach dem 1. Weltkrieg haben das Zivilrecht mit Themen wie hohe Arbeitslosigkeit und Geldentwertung beschäftigt. Nach dem Grundsatz „Mark gleich Mark“ wurden die Gläubiger mit wertlosem Papiergeld abgespeist. So entwickelte das Reichsgericht im offenen Widerstand zur Reichsgesetzgebung eine *„Lehre vom Wegfall der Geschäftsgrundlage“*, gestützt auf die Generalklausel des § 242 BGB.[26] Dahingegen blieben die Probleme der unselbständigen Fabrik- und Lohnarbeit, die im BGB ebenfalls nicht geregelt waren, weitgehend ungelöst.[27] Die im BGB vorhandenen Bestimmungen über die Unmöglichkeit gem. §§ 275, 279 (weggefallen), 323 BGB waren nicht ausreichend um die kriegsbedingten Leistungsstörungen angemessen zu bewältigen. Auch hier entwickelte die Rechtsprechung Rechtsfiguren, wie die faktische und wirtschaftliche Unmöglichkeit.[28]

Nicht außer Acht gelassen werden darf auch die Tatsache, dass das BGB in der Weimarer Epoche zunehmend von den sozialistischen Zügen, wie beispielsweise Enteignung und Sozialisierung privater wirtschaftlicher Unternehmen oder Sozial-

[24] Entscheidungen des Reichsgerichts in Zivilsachen, 2008, S. 94,45
[25] Reinhard Damm, Das BGB im Wandel der Epochen, Uwe Diederichsen und Wolfgang Sellert (HG.), Göttingen: Vandenhoeck und Ruprecht, 2002, S. 67
[26] Prof. Dr. Helmut Köhler, Bürgerliches Gesetzbuch, Einführung, 80 Auflage, 3 Juli 2017, S.XXI
[27] Wolfgang Sellert, Das BGB im Wandel der Epochen, Uwe Diederichsen und Wolfgang Sellert (HG.), Göttingen: Vandenhoeck und Ruprecht, 2002, S. 76
[28] Wolfgang Sellert, Das BGB im Wandel der Epochen, Uwe Diederichsen und Wolfgang Sellert (HG.), Göttingen: Vandenhoeck und Ruprecht, 2002, S. 78

pflichtigkeit des Eigentums beherrscht wurde. Der bereits viel zitierte Satz des damaligen Reichsaußenministers Walther Rathenau: „*Wirtschaft ist nicht mehr Sache des Einzelnen, sondern Sache der Gesamtheit*", hatte diese Epoche geprägt. [29] Somit hatte sich das Reichsgericht, welches eigentlich aus einer überwiegend konservativ gesinnten Richterschaft bestand, diese Forderungen nach „Entindividualisierung" mindestens in einem Fall zu Eigen gemacht. Er entschied, dass ein arbeitswilliger Arbeitnehmer keinen Anspruch auf Lohnfortzahlung hat, wenn der Betrieb infolge eines Streiks eingestellt wird. Die Unmöglichkeit der Leistung im Sinne des § 323 BGB käme demnach mit folgender Begründung nicht in Betracht: Die veränderten sozialen Verhältnisse müsse bei der Beurteilung dieses Falles berücksichtigt werden. Das BGB stehe jedoch bei „*den Verhältnissen seiner Entstehungszeit entsprechend, auf einem individualistischen Standpunkt*". Inzwischen habe aber „*der Gedanke der sozialen Arbeits- und Betriebsgemeinschaft Ausbreitung und Anerkennung*" gefunden. Es handele sich daher um eine „*Regelung zwischen zwei Gruppen der Gesellschaft, dem Unternehmertum und der Arbeitergemeinschaft. Die Folgen des Wegfalles der Zahlungen müssen sich deshalb auch diejenigen Arbeiter gefallen lassen, die sich dem Kreise der anderen nicht angeschlossen haben*".[30]

Hinsichtlich der wirtschaftlichen Auseinandersetzungen sind zum einen die sog. „Ruinen-Rechtsprechung" und zum anderen die „Aufwertungsrechtsprechung" zu erwähnen. Zunächst ging es um die Frage, ob der Verkäufer einer Gattung entgegen § 279 von seiner Leistungspflicht befreit werden könnte, weil die gestiegenen Beschaffungskosten die Erfüllung des Vertrages seinen geschäftlichen Ruin bedeutet hätte. Das Gericht argumentierte mit clausula *rebus sic stantibus* und stützte seine Entscheidung für die Leistungsbefreiung auf die Veränderung der Geschäftsgrundlage und nicht auf die wirtschaftliche Unmöglichkeit. Später hat das

---

[29] Wolfgang Sellert, Das BGB im Wandel der Epochen, Uwe Diederichsen und Wolfgang Sellert (HG.), Göttingen: Vandenhoeck und Ruprecht, 2002, S. 81,82

[30] Wolfgang Sellert, Das BGB im Wandel der Epochen, Uwe Diederichsen und Wolfgang Sellert (HG.), Göttingen: Vandenhoeck und Ruprecht, 2002, S. 90,91

Reichsgericht das „Eingreifen des Richters in die bestehenden Vertragsverhältnisse", also „die richterliche Vertragsgestaltung", zugelassen.[31]

Die darauffolgende Dampfpreis-Entscheidung von 1920 knüpft wiederum an die §§ 157, 242 BGB mit der bemerkenswerten Formulierung: *„Und ist im § 325 BGB unter Unmöglichkeit nicht nur die tatsächliche, sondern auch die wirtschaftliche Unmöglichkeit zu verstehen, so tritt damit im Gesetz die clausula rebus sic stantibus unverhüllt zu Tage*" und es *„scheint das Begehren der Klägerin vom Standpunkt der sog. clausula rebus sic stantibus aus gerechtfertigt.*"[32]

Da der Gesetzgeber hinsichtlich des rapiden Währungsverfalls untätig blieb, war die „Aufwertungsentscheidung" vom 28. November 1923 ohne Frage der Höhepunkt dieser Entwicklung. Es erging der Beschluss, dass der Schuldner eine Darlehensforderung seines Gläubigers nicht mit dem Nennbetrag der inzwischen eingetretenen Entwertung des Papiergeldes rechtswirksam befriedigen könne. Und die Begründung, dass *„ein in angemessenen Grenzen sich haltendes Wertverhältnis der gegenseitigen Leistungen ein Erfordernis von Treu und Glauben sei und eine unverhältnismäßig verminderte Leistung anzunehmen keinem Vertragsteile nach § 242 BGB zugemutet werden könne. Stattdessen könne der Gläubiger eine Aufwertung der Hypothekenforderung beanspruchen* ".[33] Darüber hinaus ergebe sich auch aus dem § 607 BGB, „nach welcher sich der Darlehensempfänger verpflichtet ist, das Empfangene" nicht nur in Sachen von gleicher Art und Menge, sondern auch von gleicher „Güte" zurückzugewähren.[34]

Das bereits längst überfällige Gesetz über die Aufwertung wurde sodann endlich am 16 Juli 1925 verabschiedet und in einem Urteil vom 4. November 1925 zum ersten Mal angewendet.

---

[31] Wolfgang Sellert, Das BGB im Wandel der Epochen, Uwe Diederichsen und Wolfgang Sellert (HG.), Göttingen: Vandenhoeck und Ruprecht, 2002, S. 86
[32] Entscheidungen des Reichsgerichts in Zivilsachen, 2008, S. 100,129
[33] Wolfgang Sellert, Das BGB im Wandel der Epochen, Uwe Diederichsen und Wolfgang Sellert (HG.), Göttingen: Vandenhoeck und Ruprecht, 2002, S. 87
[34] Wolfgang Sellert, Das BGB im Wandel der Epochen, Uwe Diederichsen und Wolfgang Sellert (HG.), Göttingen: Vandenhoeck und Ruprecht, 2002, S. 88

2.4 Das BGB im Dritten Reich

Für das im Jahr 1900 in Kraft getretene Gesetz konnte in Hinblick auf den § 1 BGB die Formel „Personenrecht ja, Persönlichkeitsrecht nein“ angewendet werden. Der Paragraf verzichtet von Beginn an auf jeden Pathos, mit dem die auf Freiheit und Gleichheit gründende, allgemeine Rechtsfähigkeit verbunden wird. Diese Werte werden bekannterweise nur vorausgesetzt.[35] Folglich mussten die Nationalsozialisten lediglich den Begriff Person uminterpretieren um eine gesamte Rechtpyramide von der Spitze aus bis in ihre feinsten Verästelungen zu verändern.

Der Rechtsprechung im dritten Reich fiel es dementsprechend leicht, die Juden und andere „Fremdvölkische“ aus personenrechtlichen Gemeinschaftsverhältnissen auszuschließen, ohne einen Buchstaben im BGB zu verändern.[36] Besonders erstaunlich ist die Tatsache, dass lediglich eine geringe Umdrehung an bestimmten Stellen bereits ausgereicht hat, um eine komplette Rechtsordnung umzuwälzen.[37] Somit erfolgte die Veränderung des Zivilrechts im Dritten Reich im Wege der Uminterpretation der geltenden Gesetze. Daher war die Frage nach dem „Wie“ entscheidender als die Frage danach „Was“ im BGB verändert wurde.[38]

Die aktiven Eingriffe in das Zivilrecht beschränkten sich im Wesentlichen auf die Außerkraftsetzung des Marktes (Preisstopp bei den Hypotheken) im Mietrecht oder der Wiedereinführung des Kündigungsschutzes nach dem Gesetz von 1923 beim Arbeitsrecht, sowie der Abschaffung der formalen, nicht in der Praxis erfüllbaren Regeln im Erbrecht (§§ 2231 und 2247 BGB) und insbesondere auf das Eheschließungsrecht durch die sogenannten Nürnberger Rassengesetze.[39]

[35] Reinhard Damm, Das BGB im Wandel der Epochen, Uwe Diederichsen und Wolfgang Sellert (HG.), Göttingen: Vandenhoeck und Ruprecht, 2002, S. 57,58
[36] Rainer Schröder, Das BGB im Wandel der Epochen, Uwe Diederichsen und Wolfgang Sellert (HG.), Göttingen: Vandenhoeck und Ruprecht, 2002, S. 114
[37] Rainer Schröder, Das BGB im Wandel der Epochen, Uwe Diederichsen und Wolfgang Sellert (HG.), Göttingen: Vandenhoeck und Ruprecht, 2002, S. 113
[38] Rainer Schröder, Das BGB im Wandel der Epochen, Uwe Diederichsen und Wolfgang Sellert (HG.), Göttingen: Vandenhoeck und Ruprecht, 2002, S. 110
[39] Rainer Schröder, Das BGB im Wandel der Epochen, Uwe Diederichsen und Wolfgang Sellert (HG.), Göttingen: Vandenhoeck und Ruprecht, 2002, S. 116

Eine Ausnahme bildete in dieser Zeit das Werk des Ludwig Raisers über die Allgemeinen Geschäftsbedingungen im Jahr 1936 für den Verbraucherschutz, welches zweifellos nicht nationalsozialistisch geprägt war.[40] Jedoch konnte diesem hervorragenden Werk damals nicht genügend Beachtung geschenkt werden, da zu der damaligen Zeit mehr als 2/3 der Prozesstätigkeiten, welche einerseits durch den starken Rückgang des Waren- und Dienstleistungsverkehrs, andererseits durch die Änderungen der wirtschaftspolitischen Rahmenbedingungen geschuldet, zurückgegangen waren.[41]

2.5 Das BGB in der Bundesrepublik Deutschland

Nach Ende des 2. Weltkrieges wurden die nationalsozialistischen Gesetze durch die „*Kontrollratsgesetze*“ aufgehoben und die Gleichheit aller vor dem Gesetz wieder hergestellt. Besonders zu erwähnen ist in dem Zusammenhang das Gleichberechtigungsgesetz von 1957 und der Wegfall der Unterscheidung zwischen “ehelichen“ und „unehelichen“ Kindern.[42] Das BGB der Bundesrepublik Deutschland stand jedoch weitgehend unter dem Einfluss des am 24. Mai 1949 in Kraft getretenen Grundgesetzes, auch wenn das Verhältnis von BGB und Grundgesetz in den Fachkreisen als „*komplex*“ betrachtet wird. [43]

Doch die größten Reformen des BGB waren erst nach einem mehr als 100-jährigen Schweigen, beginnend mit der großen Schuldrechtsreform von 2002 und fortgeschrieben mit der Reform des Bauvertragsrechts von 2018, zu verzeichnen. Das Letztere wird der Verfasser in einem weiteren noch folgenden Kapitel detaillierter betrachten. Die Modernisierung des Schuldrechts von 2002 hatte mehrere Hintergründe. Zum einen wurden die drei EG Richtlinien – „Verbrauchgüterkaufrichtlinie“, „Zahlungsverzugsrichtlinie“ und die Richtlinie über den elektronischen

[40] Rainer Schröder, Das BGB im Wandel der Epochen, Uwe Diederichsen und Wolfgang Sellert (HG.), Göttingen: Vandenhoeck und Ruprecht, 2002, S. 117,118
[41] Rainer Schröder, Das BGB im Wandel der Epochen, Uwe Diederichsen und Wolfgang Sellert (HG.), Göttingen: Vandenhoeck und Ruprecht, 2002, S. 125,126
[42] Prof. Dr. Helmut Köhler, Bürgerliches Gesetzbuch, Einführung, 80 Auflage, 3 Juli 2017, S.XXIV
[43] Jörg Neuner, Das BGB im Wandel der Epochen, Uwe Diederichsen und Wolfgang Sellert (HG.), Göttingen: Vandenhoeck und Ruprecht, 2002, S. 125,126

Geschäftsverkehr umgesetzt, zum anderen wurde versucht die jahrelange Kritik an der Konzeption des Leistungsstörungsrechtes, gerecht zu werden.[44] Es wurden zahlreiche Sondergesetze (u. a. AGB-Gesetz, insbesondere Wirksamkeit der VOB-Einbeziehung als Ganzes gem. § 310 Abs. 1 Satz 3 oder Haustürwiderrufgesetz), sowie gängige Rechtsprechung (z. B. Wegfall der Geschäftsgrundlage oder Verschulden bei Vertragsverhandlung) in das BGB integriert.[45]

Weiterhin wurden im Bereich der vertraglichen Schuldnerverhältnisse die Vertragstypen wie Kauf-, Miet- Dienst- und Werkvertrag definiert und untereinander differenziert.[46] Besonders für das Verschulden bei Schadensersatzansprüchen aus bestehenden Schuldnerverhältnissen wurde eine Beweislastumkehr eingeführt. Im Bereich des Leistungsstörungsrechts wurden Probleme, wie Folgen des Rücktritts vom Vertrag, sowie Leistungsverzug und Leistungsunmöglichkeit bei der Vertragsabwicklung behandelt.[47]

Im Hinblick auf das europäische Recht wurde auf den Text vom BGB oder die Rechtspraxis seiner Interpretation durch die „Principles of European Contract Law“, der sogenannten Lando-Kommission, die eine offizielle Billigung vom Europäischen Parlament erhalten hat, noch kein Einfluss genommen.[48]

---

[44] Prof. Dr. Helmut Köhler, Bürgerliches Gesetzbuch, Einführung, 80 Auflage, 3 Juli 2017, S.XXIV
[45] IHK Trier, Merkblatt zur Schuldrechtsreform, März 2002, S. 1
[46] Prof. Dr. Helmut Köhler, Bürgerliches Gesetzbuch, Einführung, 80 Auflage, 3 Juli 2017, S.XXIV
[47] IHK Trier, Merkblatt zur Schuldrechtsreform, März 2002, S. 2
[48] Andreas Spickhoff, Das BGB im Wandel der Epochen, Uwe Diederichsen und Wolfgang Sellert (HG.), Göttingen: Vandenhoeck und Ruprecht, 2002, S. 165

2.6 Resümee

Kurz nach seiner Entstehung wurde dem BGB sogar im Ausland eine Anerkennung zugesprochen. Ausgerechnet in England sprach Frederic William Maitland vom BGB als *„best code that the world has yet seen“*.[49]

Geprägt wurde seine Rechtsentwicklung vom Bestreben die Fragestellungen, die sich aufgrund des technischen und wirtschaftlichen Wandels ergeben haben, zu bewältigen und die wirtschaftlich Schwächeren zu schützen.[50]

Wenn man auf seine Entstehung zurückblickt, kann unter dem Aspekt, dass die Rechtswissenschaft den Boden einer Vereinheitlichung zu bereiten hat, angenommen werden, dass das BGB als Vorbild für ein zukünftiges Europäisches Zivilgesetzbuch dienen könnte.[51]

---

[49] Andreas Spickhoff, Das BGB im Wandel der Epochen, Uwe Diederichsen und Wolfgang Sellert (HG.), Göttingen: Vandenhoeck und Ruprecht, 2002, S. 167
[50] Prof. Dr. Helmut Köhler, Bürgerliches Gesetzbuch, Einführung, 80 Auflage, 3 Juli 2017, S.XXV
[51] Andreas Spickhoff, Das BGB im Wandel der Epochen, Uwe Diederichsen und Wolfgang Sellert (HG.), Göttingen: Vandenhoeck und Ruprecht, 2002, S.184

3 Historische Hintergründe der VOB

§229 Wenn ein Baumeister für jemanden ein Haus errichtet, dessen Konstruktion nicht fest genug ist, so daß das Haus einstürzt und den Tod des Bauherrn verursacht, so soll dieser Baumeister getötet werden.

§231 Hat der Einsturz den Tod eines Sklaven des Bauherrn zur Folge, so soll der Baumeister dem Bauherrn einen gleichwertigen Sklaven zur Verfügung stellen.

§232 Wenn durch den Einsturz Eigentum beschädigt wird, so ist der Baumeister verpflichtet, das widerherzustellen, was zerstört wurde. Da der Einsturz durch eine schlechte Konstruktion verursacht wurde, soll der Baumeister diese auf eigene Kosten widerherstellen.

Codex Hammurapi, 18 Jahrhundert v. Chr.

3.1 VOB die Entstehung

Am 16.09.1882 konnte man in der „Handels- und Gewerbezeitung" über das Eisenbahnunglück bei Hugstetten im Breisgau folgendes lesen:

„Das Eisenbahnunglück findet auch in Technikerkreisen eine lebhafte Besprechung. Vor dem Aufkommen des Submissionswesens waren nämlich Unglücksfälle durch Zerstörung der Bahndämme in dieser Ausdehnung unbekannt. Das so oft bekämpfte Submissionswesen führt zur Unsolidität und rächt sich dann einmal fürchterlich. ... Submission ist Wucher und als solcher moralisch verwerflich...".[52]

Die Abhandlung dieses Eisenbahnunglücks könnte man als Ursprung der Entstehung der VOB nehmen, auch wenn sich der Versuch, diese Entstehung et-

[52] Werner Schubert, Festschrift für Hermann Korbion, Pastor Walter (Hrsg.),Werner Verlag, 1986, S. 389

was detaillierter nachzuforschen, zunächst als wenig aussichtsreich erwiesen mag. Der Grund dafür ist die Tatsache, dass im Jahr 1945 alle Akten des Reichsverdingungsausschusses (RVA) verbrannt sind. Hinzu kommt noch die Tatsache, dass die Länder damals bis zum Jahr 1925 jegliche konstruktive Mitwirkung an der Arbeit mit dem RVA verweigert haben und somit auch nicht in den Besitz der Arbeitsunterlagen gekommen sind. Daher stammen die Materialien über die Beratungen des RVA vorwiegend aus den Akten des Reichspostministeriums.[53]

Die Vorschläge zur Änderung des damals unbefriedigenden Zustandes ließen sich unter drei Gesichtspunkten zusammenfassen:

1. In wirtschaftlicher Hinsicht bzgl. Wiederherstellung eines gesunden Wettbewerbs zur Stärkung der mittelständischen Gewerbe- und Handwerksbetriebe.
2. In sozialpolitischer Hinsicht bzgl. der Einhaltung von Tarifbestimmungen und der Schutzbestimmungen der Gewerbeanordnung im Sinne des § 618 BGB.
3. In Hinsicht der Gleichberechtigung in den Vertragsbedingungen durch Vollständigkeit der Verdingungsausschreibung, Verzicht auf Nachgebote, Terminabfrage, Beschleunigung des Zuschlags- und Abwicklungsverfahrens, der Abrechnung und der Abschlagszahlungen, sowie sachgemäßere Behandlung der Aufbesserungsgesuche, Mehr- und Minderleistung, Schiedsgerichtsfrage und Unterbrechung und Einstellung der Arbeiten.

Noch kurz vor Kriegsbeginn wurde dem Reichstag ein Gesetzesentwurf mit 60 Bestimmungen einer einheitlichen Regelung des Verdingungsverfahrens und vertraglicher Abwicklung zwischen Behörden und Unternehmer vorgelegt, welcher jedoch wegen Kriegsbeginn nicht mehr im Plenum behandelt wurde.

Anschließend wurde Ende März 1921 der Antrag der Deutsch-Nationalen Partei nach einer reichsgesetzlichen Regelung eines Ausschusses, bestehend aus sach-

[53] Werner Schubert, Festschrift für Hermann Korbion, Pastor Walter (Hrsg.),Werner Verlag, 1986, S. 390

verständigen Vertretern der beteiligten Ressorts und Vertretern der zuständigen Arbeitgeber- und Arbeitnehmerorganisationen, unter der Federführung des Schatzministeriums einzuberufen, nach längeren Diskussion angenommen. [54]

Zusätzlich bestand der Reichsverdingungsausschuss aus einem Vertreter des Badischen Finanzministeriums, einem Vertreter des Deutschen Städtetages, einem Vertreter des Verbandes Deutscher Architekten- und Ingenieurvereine, einem Bauinspektor a.D., sowie einem Malermeister und einem Stadtrat für das Handwerk. [55]

Die erste Vollsitzung des Verdingungsausschusses fand am 13.12.1921 statt, bei welcher die Vertreter der Länder noch fehlten. Als Vertreter der Deutschen Architekten- und Ingenieurvereine wurde Herr Hans Winterstein in die Kommission berufen. Gemäß dem Protokoll vom 15.03.1922 wurde die Bearbeitung der hauptsächlich drei Bereiche: Leistungsbeschreibungen, Preisberechnungen und technische Vorschriften, notwendig.[56]

In der zweiten Vollversammlung des RVA am 09.07.1922, deren Mitgliederzahl sich mittlerweile verdoppelt hatte, sodass die Arbeitsfähigkeit dessen in Frage gestellt wurde, nahmen nun auch die Vertreter der Länder teil. Der dann am 27./28.09.1922 vorgelegte, erste Entwurf der Verdingungsordnung fand bei den Vertretern der Länder wenig Beifall. Es hieß nämlich, es sei seitens des Reichsschatzministeriums nie die Absicht gewesen die Länder einzubeziehen, sondern diese dann vor bereits vollendete Tatsachen zu stellen und zu terrorisieren.

In einer darauffolgenden Aussprache am 29.05.1923 betonten die Ländervertreter zwar, dass der Erlass von Verdingungsordnungen die Sache der Länder bleiben soll, waren aber trotz ihrer oppositionellen Stellung damit einverstanden, kritisch positiv mitzuarbeiten.[57]

---

[54] Werner Schubert, Festschrift für Hermann Korbion, Pastor Walter (Hrsg.),Werner Verlag, 1986, S. 396
[55] Reinhard Janssen, Neues und Wissenswertes aus der Arbeit mit der VOB (BMUB), Beuth Verlag GmbH, 3Ausgabe 2016, S. 15
[56] Werner Schubert, Festschrift für Hermann Korbion, Pastor Walter (Hrsg.),Werner Verlag, 1986, S. 397
[57] Werner Schubert, Festschrift für Hermann Korbion, Pastor Walter (Hrsg.),Werner Verlag, 1986, S. 399

Nachdem dann die Ländervertreter der nächsten Sitzungen vom 18./19.10.1923 und 28./29.02.1924 fern blieben, wurde Mitte 1924 der Referentenentwurf von Winterstein zur VOB den Mitgliedern des RVA übergeben.

Nach andauernden Diskussionen wurden schließlich in der Sitzung am 18.06.1925 die technischen Vorschriften genehmigt und deren Herausgabe in Buchform beschlossen. Ferner wurde seitens eines Untersuchungsausschusses der fertiggestellte Entwurf zur VOB Teil A und B dem Arbeitsausschuss vorgelegt.

Nachdem die Verbände und Ministerien zum neuen Entwurf Stellung genommen hatten, wurde deren überarbeitete Version am 13.04.1926 dem Arbeitsausschuss erneut vorgelegt. Endlich gaben die Länder sodann ihre Opposition mit der Begründung auf, dass dieser Entwurf in seiner Fassung als fortschrittlichste Lösung anzusehen ist, sodass grundsätzlich keine Bedenken gegen eine weitgehende einheitliche Einführung der Allgemeinen Vorschriften mehr bestehen und von den Ländern übernommen werden kann.

In der folgenden 3. Vollversammlung des RVA am 06.05.1926 wurde über die letzten unentschiedenen Fragen eine Einigung erzielt, sowie die Erklärung vom 13.04.1926 wiederholt und der vorliegende Entwurf gebilligt.[58] Die aus den drei Teilen A, B und C bestehende VOB wurde dann, durch Erlass des Reichsministeriums vom 11.09.1926, eingeführt. Ihre Veröffentlichung erfolgte 1926 in der Zeitschrift Bauwelt.[59]

[58] Werner Schubert, Festschrift für Hermann Korbion, Pastor Walter (Hrsg.),Werner Verlag, 1986, S. 402
[59] Gerd Motzke, Beck´sche Kurz Kommentare, Kapellmann/Messerschmidt, C.H.Beck oHG Verlag, 2 Auflage 2008, S.22

3.2 VOB die Entwicklung

Nach der Veröffentlichung blieb die VOB/B, die bereits 1926 aus 18 Paragraphen bestand, bis 1952 unverändert. Die darin enthaltenen Regelungen waren jedoch wesentlich weniger ausdifferenziert. So z. B. beschränkte sich 1926 § 2 Nr. 4 VOB/B auf den allgemeinen Hinweis, dass bei Leistungsänderung oder Zusatzleistungen, die Vergütung vor Ausführung vereinbart werden sollte. Demnach entsprach es, dass der § 1 VOB/B 1926 auch nicht zwischen zusätzlicher und geänderter Leistung unterschieden hatte. Der § 3 bestand damals lediglich aus 3 Ziffern. Die anderen Vorschriften waren dagegen bereits 1926 weitgehend so verfasst, wie die VOB/B uns heute bekannt ist.[60]

Ihren größten Sprung in der Reformierung machte die VOB/B nach deren Zuständigkeitsübernahme durch den Deutschen Verdingungsausschuss für Bauleistungen im Jahr 1952. Von großer Bedeutung ist die darauffolgende Ausdifferenzierung des Leistungsänderungsrechts in § 1 Nr. 3 und 4 und Einführung des Prinzips der Fortschreibung der Vertragspreise.[61]

Nach einer zwischenzeitlichen Anpassung der Allgemeinen Technischen Vorschriften im Jahr 1965, folgten die neuen Überarbeitungen in den Fassungen von 1973 und 1979, die sich aber nur der aktuellen Rechtsentwicklung angepasst hatten.[62]

Nach der Einführung der DIN 18299 beschränkte sich die neue Fassung von 1988 überwiegend auf redaktionelle Änderungen.

Als eine der bedeutendsten Änderungen der VOB/B wird in der Ergänzungsausgabe von 1996 die Verkürzung der Verjährungsfrist auf vier, bzw. für maschinelle Anlagen auf zwei Jahre, sowie die Öffnung des § 2 Abs. 8 – Geschäftsführung ohne Auftrag, angesehen.

---

[60] Claus von Rintelen, Beck´sche Kurz Kommentare, Kapellmann/Messerschmidt, C.H.Beck oHG Verlag, 6 Auflage 2018, S.688
[61] Claus von Rintelen, Beck´sche Kurz Kommentare, Kapellmann/Messerschmidt, C.H.Beck oHG Verlag, 6 Auflage 2018, S.689
[62] Gerd Motzke, Beck´sche Kurz Kommentare, Kapellmann/Messerschmidt, C.H.Beck oHG Verlag, 2 Auflage 2008, S.22

Weiterhin erwähnenswert war die Umbenennung der VOB in Vergabe- und Vertragsordnung für Bauleistungen im Jahr 2002. Nach dem Scheitern der Reform der § 1 Nr. 3, 4 und dementsprechend § 2 Nr. 5, 6 enthielt die Ausgabe von 2006 lediglich redaktionelle Anpassungen.

In den darauf folgenden Fassungen der Jahre 2009, 2012 und zuletzt 2016 ist die Verkürzung der Regelprüfungsfrist für die Schlussrechnung, bzw. der Eintritt des Zahlungsverzuges nach 30 Tagen neben den weiteren redaktionellen und der Rechtsprechung begleitenden Änderungen von Bedeutung.[63]

[63] Claus von Rintelen, Beck´sche Kurz Kommentare, Kapellmann/Messerschmidt, C.H.Beck oHG Verlag, 6 Auflage 2018, S.689-690

4 Kooperation als Produkt der Rechtsprechung

„Man baut ja mit jemandem, nicht gegen ihn."

Jean Nouvel, Schweizer Architekt

4.1 Allgemeiner Begriff der Kooperation

Der Begriff „Kooperation" (lat. cooperatio "Mitwirkung, Mitarbeit") wird in den Wörterbüchern wie folgt definiert:

„Zusammenarbeit, Zusammenwirken" [64]

oder

„Zusammenarbeit, besonders auf politischem oder wirtschaftlichem Gebiet" [65]

Aus diesen Formulierungen, die vielmehr einem allgemeinen Sprachgebrauch dienen, lässt sich nicht wirklich eine baubetriebliche Zuordnung der Kooperation herleiten. In der Literatur finden sich aber auch weitere Definitionen dieses Begriffes in Bezug auf Wirtschaft, Recht und auch speziell auf die Bauwelt. So kann der Kooperationsbegriff aus einer kartellrechtlichen Sicht sogar eine negative, verbietende Richtung annehmen.

Unter Kooperation versteht man demnach eine Alternative zur Fusion von Unternehmen und wird in seiner Form mit und ohne Kapitalverflechtung unterschieden. In dem Reorganisationsrecht verwendet *Eidenmüller* den Begriff Kooperation als

[64] Wahrig, Bertelsmann Lexikon Verlag GmbH, Gütersloh 1994.
[65] Duden, www.duden.de, abgerufen am 23.11.2018, 10:44Uhr.

eine Bereitschaft diejenigen rechtlich bedeutsamen Maßnahmen zu akzeptieren und zu implementieren, die für die Reorganisation von Bedeutung sind.

Artikel 1-202 der Principles of European Contract Law trägt die Überschrift *„Duty to Co-operate" und* lautet:„Each party owes to the other a duty to co-operate in order to give full effect to the contract." [66]

4.2 Baubetrieblicher Begriff der Kooperation

Um die baubetriebliche Definition des Begriffes Kooperation besser zu verstehen, sollte man auch die Hintergründe und die Besonderheiten eines Bauvertrages kennen. Bekannterweise ist ein Bauvertrag gleichzeitig ein Werkvertrag, dessen Erfüllung bzw. Nichterfüllung nicht von einer geschuldeten Leistung, sondern vielmehr von einem Erfolg, diese versprochene Leistung auch tatsächlich qualitativ und zeitlich zu erbringen, abhängt und daher im Vordergrund dieses Schuldverhältnisses steht. Somit ist es notwendig, dass in solch einem Vertrag die Regelungen einer Rechtsbeziehung zwischen einem Bauherrn und seinem Bauunternehmer sehr umfassend geklärt sind.[67]

In seiner langzeitigen Abwicklungsphase erfordert der Werkvertrag das Zusammenwirken aller Beteiligten, deren Anzahl bei der Errichtung eines Bauvorhabens immer mehr zunimmt und sich aus technisch unterschiedlichen Fachrichtungen und Kompetenzen zusammensetzt.[68]

Vor allem diese lange Erfüllungszeit macht aus einem Bauvertrag, im Gegensatz zu einem punktuellen Leistungsaustausch, einen komplexen Langzeitvertrag und erfordert für seine Durchführbarkeit und das Erreichen des versprochenen Werkerfolges eine besondere, wechselseitige Kooperationspflicht der Vertragsparteien miteinander, damit hieraus ein Bauvorhaben durch dieses Zusammenwirken überhaupt erst entstehen kann. Daraufhin deuten ebenfalls viele VOB-, sowie BGB-Regelungen, wie z.B. die Informations-, Mitwirkungs- und Verhandlungspflicht,

[66] Heiko Fuchs, Kooperationspflichten der Bauvertragsparteien, Band 58, Werner Verlag 2003, S.48,51,52
[67] Frank Peter Ohler, Privates Baurecht, Messerschmidt/Voit, C.H.Beck oHG Verlag, 3 Auflage 2018, S.56
[68] Frank Peter Ohler, Privates Baurecht, Messerschmidt/Voit, C.H.Beck oHG Verlag, 3 Auflage 2018, S.57

bzw. die Auslegungen der Grundsätze nach Treu und Glauben, die durch die gängige Rechtsprechung mit zahlreichen BGH Entscheidungen untermauert und bestätigt werden.[69]

Dieses Thema möchte der Verfasser jedoch in seinen nachfolgenden Kapiteln detaillierter darstellen und erläutern. Nachfolgend wird eine Zusammenfassung verschiedener Ansichten aus der Literatur zur Auslegung des Begriffes Kooperation im baubetrieblichen Sinn behandelt:

Nach *Vygen* ist die Kooperation ein Ausdruck der besonderen Natur des Bauvertrages, wobei jede Vertragspartei durch ihre vertrauensvolle Zusammenwirkung in des ihr zuzurechnenden Bereiches dazu beiträgt, dass die vereinbarte Bauleistung termingerecht und mängelfrei erbracht wird. [70]

Ähnlich führt *Heiermann* den Begriff Kooperation als ein möglichst einvernehmliches Zusammenwirken der Vertragspartner zur Erreichung des Vertragszieles aus, welches in der Herstellung eines mangelfreien Bauwerkes unter den vereinbarten Prämissen, wie z. B. der Einhaltung der Kosten- und Terminvorgaben, besteht. [71]

Gemäß *Quacks* Verständnis ist die Kooperation eine gegenseitige Hilfestellung beider Parteien, die einander dazu verhelfen ihre Rechte zu wahren. [72]

Kraus definiert Kooperation über die Abgrenzung des Begriffspaares Streit und Zusammenarbeit als zwei Möglichkeiten für die Austragung von Konflikten und Interessengegensätzen.[73]

Cuypers ersetzt in seiner Definition den Begriff Mitwirkungspflicht schlicht durch den Begriff Kooperation. Zu erwähnen ist jedoch, dass diese Sichtweise in der Fachwelt sehr umstritten ist, da die Mitwirkungspflicht nach der Rechtsprechung

[69] Frank Peter Ohler, Privates Baurecht, Messerschmidt/Voit, C.H.Beck oHG Verlag, 3 Auflage 2018, S.57
[70] Heiko Fuchs, Kooperationspflichten der Bauvertragsparteien, Band 58, Werner Verlag 2003, S.67
[71] Heiko Fuchs, Kooperationspflichten der Bauvertragsparteien, Band 58, Werner Verlag 2003, S.67
[72] Heiko Fuchs, Kooperationspflichten der Bauvertragsparteien, Band 58, Werner Verlag 2003, S.67
[73] Heiko Fuchs, Kooperationspflichten der Bauvertragsparteien, Band 58, Werner Verlag 2003, S.67

des Bundesgerichtshofes nur ein Teil der Kooperationspflicht ist und diese sich nicht durch ein Ersetzen erschöpft. [74]

Wellenhofer-Klein unterscheidet die Kooperation im engen und im weiten Sinne. Der enge Begriff soll auf das allgemeine Zusammenwirken der Vertragsparteien beim Leistungsaustausch hinweisen. Eine weitere Auslegung begreift sie als Unterfall der Treupflicht und das Verlangen nach einem ständigen, vertrauensvollen Dialog und die Bereitschaft, Konflikte gemeinsam zu lösen.[75]

Motzke unterteilt die Kooperation in eine echte und unechte Kooperation, wobei die unechte Kooperation lediglich eine Fortsetzung des Anordnungsprinzips der VOB/B darstellt und ein reines Positionsdenken mit sich bringt.

Auf das einseitige Anordnungsrecht des Auftraggebers entsteht automatisch ein Vergütungsanspruch des Auftragnehmers. Somit darf eine Vergütungsankündigung des Aufraggebers als nichts anderes als die Benennung einer Position und daher allenfalls als rudimentäre Kooperationsmaßnahme qualifiziert werden.

Dagegen sei eine echte Kooperation eine frühzeitige Berücksichtigung der gegenseitigen Argumente, nämlich bereits in der Entscheidungsfindung und strebe damit ein gemeinsames Ergebnis an. Die Ansätze dazu sieht *Motze* weniger in der VOB/B, sondern viel mehr in der VOB/C, etwa in dem Gebot der gemeinsamen Leistungsbestimmung.[76]

Das Kooperationsgebot des Bundesgerichtshofes bezeichnet *Motzke* als *„entwicklungsfähige Schimäre"* und sieht daran keine Entwicklung eines neuen Rechtsinstitutes, sondern einen Rückgriff auf die bekannten rechtlichen Institute gesetzlicher oder vertraglicher Art und erwägt dabei die Fruchtbarmachung nach § 241 BGB als Teil des Rücksichtnahmegebotes in Bezug auf die Kooperation.[77]

---

[74] Heiko Fuchs, Kooperationspflichten der Bauvertragsparteien, Band 58, Werner Verlag 2003, S.69
[75] Heiko Fuchs, Kooperationspflichten der Bauvertragsparteien, Band 58, Werner Verlag 2003, S.68
[76] Heiko Fuchs, Kooperationspflichten der Bauvertragsparteien, Band 58, Werner Verlag 2003, S.69
[77] Heiko Fuchs, Kooperationspflichten der Bauvertragsparteien, Band 58, Werner Verlag 2003, S.64

Kniffka definiert schließlich die Kooperation als das Zusammenwirken der Vertragsparteien zur Erreichung des gemeinsam verfolgten Vertragszweckes. Diese Notwendigkeit ergebe sich bereits aus dem Vertragsabschluss und dem Vertragsinhalt. Demnach soll die Kooperation die Verwirklichung des Leistungsinteresses sicherstellen und den vertraglichen Willen beider Parteien zum Leistungsaustausch als Rechtsgrund dienen. Der Bezug zum Rechtsgrund findet sich, auch bei solchen leistungsinteressenbezogenen Pflichten, in dem Grundsatz nach Treu und Glauben gemäß § 242 BGB wieder.[78]

4.3 Rechtsgrundlage von Kooperationspflichten

4.3.1 Abgrenzung zwischen Pflichten und Obliegenheiten

Bevor der Verfasser das Thema „Rechte und Pflichten" in Bezug auf Kooperation weiter detailliert erläutert, stellt sich untenstehend noch die Frage nach dem Unterschied zwischen Pflichten und Obliegenheiten.

Obliegenheiten haben keinen Erfüllungsanspruch und können daher auch nicht rechtlich durchgesetzt werden. Ungeachtet dessen, kann ihre Verletzung sehr wohl zu den nachteiligen Rechtsfolgen führen, wie z. B. § 642 BGB ff. . Dagegen führt die Verletzung der Vertragspflicht zu Schadenersatzansprüchen und weiterhin sogar zu Auflösung des Vertragsverhältnisses, da diese die Erfüllungsansprüche besitzen und rechtlich durchgesetzt werden können.[79]

Jedoch ist die Frage nach der klaren Abgrenzung beider Begriffe noch nicht abschließend durch die Rechtsprechung geklärt. Diese abschließende Klärung soll aber auch nicht Gegenstand dieser Arbeit sein. Viel wichtiger dabei ist die Tatsache, dass die Mitwirkungspflichten, ferner Kooperationspflichten, durch das Ge-

---

[78] Heiko Fuchs, Kooperationspflichten der Bauvertragsparteien, Band 58, Werner Verlag 2003, S.64
[79] Michael Frahm, Kooperationspflichten im Bauvertrag, Akademiker Verlag 2016, S.9

setz als eine Obliegenheit ausgelegt werden und sogar vertraglich individuell als eine Pflicht vereinbart werden können.[80]

4.3.2 Abgrenzung zwischen BGB und VOB

Weiterhin ist es ebenfalls notwendig in Hinblick auf die nachfolgend hergehende Erläuterung der „Rechten und Pflichten" der Vertragsparteien in einem Werkvertragsverhältnis, die Bedeutung der beiden Regelwerke zu kennen und diese zu unterscheiden.

Der Bauvertrag richtet sich grundsätzlich nach dem Gesetz. Demnach ist seine Abwicklung in dem Bürgerlichen Gesetzbuch (BGB) durch das Werkvertragsrecht gemäß §§ 631 ff. kodifiziert. Er kommt, wie auch jeder andere Vertrag, gemäß §§ 145 ff. BGB durch zwei korrespondierende Willenserklärungen zustande.

Ein Bauvertrag ist gemäß § 650 Abs. 1 BGB ein Vertrag über die Herstellung, die Wiederherstellung, die Beseitigung oder den Umbau eines Bauwerkes, einer Außenanlage oder eines Teils davon.[81]

Das Bauvertragsrecht des BGB unterlag vor kurzem einer sehr umfassenden Rechtsreform, dessen Änderungen seit dem 1. Januar 2018 in Kraft getreten sind. Diese möchte der Verfasser gerne in seinen späteren Ausführungen unter anderem in Bezug auf die Kooperationspflichten näher erläutern.

Die VOB (Vergabe- und Vertragsordnung für Bauleistungen) ist im Gegensatz zum BGB kein Gesetz, sondern eine Rechtsverordnung, die als eine allgemeine Geschäftsbedingung in einem Bauvertrag, ergänzend zum BGB, vereinbart werden kann.

[80] Michael Frahm, Kooperationspflichten im Bauvertrag, Akademiker Verlag 2016, S.10
[81] Frank Peter Ohler, Privates Baurecht, Messerschmidt/Voit, C.H.Beck oHG Verlag, 3 Auflage 2018, S.56

Die VOB besteht aus drei Teilen:

1. VOB/A - „Allgemeine Bestimmungen für die Vergabe von Bauleistungen"
2. VOB/B - „Allgemeine Vertragsbedingungen für die Ausführung von Bauleistungen"
3. VOB/C - „Allgemeine Technische Vertragsbedingungen für Bauleistungen"

Für einen öffentlichen Auftraggeber hat jedoch die VOB eine besondere vom Grundsatz abweichende Bedeutung. Die Besonderheit besteht dahingehend, dass die VOB für diesen eine Vorgabe auf der Gesetzesebene darstellt und für eine Vergabe der öffentlichen Aufträge zwingend zugrunde zu legen ist. Dies ergibt sich aus der Umsetzung der Richtlinie 2014/24EU des Europäischen Parlaments und des Rates über die öffentliche Auftragsvergabe, die in dem Gesetz gegen Wettbewerbsbeschränkungen gemäß § 113 Abs. 1 Satz 1 GWB wie folgt umgesetzt wurde:

„Die Bundesregierung wird ermächtigt, durch Rechtsverordnungen mit Zustimmung des Bundesrates, die Einzelheiten zur Vergabe von öffentlichen Aufträgen und Konzessionen, sowie zur Ausrichtung von Wettbewerben zu regeln."

Demzufolge wurde gemäß § 2 der Verordnung über die Vergabe öffentlicher Aufträge (Vergabeverordnung VgV) in der Fassung der Bekanntmachung vom 12. April 2016 (BGBL. S. 624) die Anwendung der Vergabe- und Vertragsordnung für Bauleistungen (VOB/A) in der Fassung der Bekanntmachung vom 19. Januar 2016 (BAnz AT 19.01.2016 B3) vorgeschrieben. Somit können die VOB/A bei einer weitergehenden Betrachtung, Rechtsqualitäten besitzen.

Schließlich gilt gemäß § 8a VOB/A die Vorschrift, dass die Allgemeinen Vertragsbedingungen für die Ausführung von Bauleistungen (VOB/B) und die Allgemeinen Technischen Vertragsbedingungen für Bauleistungen (VOB/C) Bestandteile des Vertrages werden müssen.

Eine weitere Besonderheit bezüglich der VOB/B, die nicht nur für einen öffentlichen Auftraggeber, sondern sogar allgemein für jeden Verwender gelten soll, liegt darin, dass sie gemäß § 310 Abs. 1 Satz 3 BGB im Falle einer Vertragseinbeziehung ohne inhaltliche Abweichungen, in Bezug auf die Inhaltskontrolle insoweit privilegiert sind, dass die Überprüfung einzelner Bestimmungen der VOB/B nach § 307 BGB keine Anwendung findet. Dies wird dadurch begründet, dass die VOB/B für beide Vertragsparteien ein ausgewogenes Regelwerk darstellt, welches den beiderseitigen Interessen Rechnung tragen soll, d. h. wer sich auf seine Rechte berufen will, muss sich auch an seinen Pflichten festhalten lassen.[82]

Der Teil VOB/C - „Allgemeine Technische Vertragsbedingungen für Bauleistungen" wird mit den vereinbarten VOB/B gemäß § 1 Abs.1 Satz 2 automatisch Vertragsbestandteil.

4.3.3 Rechte und Pflichten der Vertragsparteien in einem VOB- bzw. BGB-Werkvertrag bis 31.12. 2017

Grundsätzlich soll in dem folgenden Absatz vorerst zwischen Haupt- und Nebenpflichten der Vertragspartner spezifiziert werden. Die Hauptleistungspflichten setzten sich zusammen aus der Leistungspflicht des Auftragnehmers, sowie aus der Vergütungs- und Abnahmepflicht des Auftraggebers.

Demnach schuldet der Auftragnehmer meistens auf Grundlage der vereinbarten Leistungsbeschreibung gemäß § 631 BGB den Werkerfolg und ist auf dem Weg dahin zu der Leistung verpflichtet. Jegliche Leistungsänderung bedarf in einem BGB-Vertrag immer einer Vertragsanpassung oder einer neu angepassten Vertragsstellung. Im Gegensatz dazu sieht die VOB/B gemäß § 1 Abs. 3 ein einseitiges Änderungsrecht vor.[83]

[82] Wolfgang Voit, Privates Baurecht, Messerschmidt/Voit, C.H.Beck oHG Verlag, 3 Auflage 2018, S.1716
[83] Michael Frahm, Kooperationspflichten im Bauvertrag, Akademiker Verlag 2016, S.16

Die Vergütungspflicht des Auftragnehmers aus § 632 BGB steht adäquat dem Prinzip des „do ut des“ der Leistungspflicht der Auftraggeber gerade entgegen.[84] Sie ist gemäß § 641 BGB unmittelbar nach der erfolgten Abnahme zu entrichten, jedoch dürfen für die in sich abgeschlossenen Leistungen sowohl im BGB nach § 632a, als auch in der VOB/B § 14, Abschlagrechnungen gestellt werden.

Als Vergütungsvoraussetzung gehört die Abnahmepflicht des Auftraggebers nach § 640 BGB, bzw. § 12 VOB/B ebenfalls zu den Hauptleistungen dazu. Die Abnahme wird unter anderem definiert als eine *körperliche Entgegennahme der Werkleistung des Unternehmers oder Planers, verbunden mit der rechtsgeschäftlichen Erklärung, dass der Bauherr die für ihn erbrachte Werkleistung als im Wesentlichen vertragsgemäße Leistung anerkennt. Spiegelbildlich dazu ist der Werkunternehmer verpflichtet, dem Besteller die Inbesitznahme des Werkes zu ermöglichen, also ihm das Werk zu verschaffen.*[85]

Grundsätzlich existieren drei möglichen Formen einer Abnahme:

1. Förmliche Abnahme (§ 640 BGB oder § 12 VOB/B Abs. 4 Nr. 1)
2. Konkludente Abnahme (§ 116 BGB, BGH Urteil v. 27.01.11 VII ZR 175/09)
3. Fiktive Abnahme (§ 640 Abs.1 Satz 3 BGB oder §12 Abs. 5 Nr.1, 2 VOB/B)

Die oben genannten Pflichten sind sogenannte synallagmatische Leistungspflichten eines Bauvertrages. Ihretwegen wird der Vertrag überhaupt geschlossen. Die Kooperationspflichten sind Nebenpflichten, die notwendig sind um den Vertrag zu erfüllen.[86] Sie werden aus der allgemeinen Treuepflicht gemäß § 242 BGB durch den Bundesgerichtshof abgeleitet und in der Literatur und der Rechtsprechung eindeutig in zwei Bereiche differenziert.

---

[84] Michael Frahm, Kooperationspflichten im Bauvertrag, Akademiker Verlag 2016, S.16
[85] Frank Peter Ohler, Privates Baurecht, Messerschmidt/Voit, C.H.Beck oHG Verlag, 3 Auflage 2018, S.62
[86] Michael Frahm, Kooperationspflichten im Bauvertrag, Akademiker Verlag 2016, S.18

Es wird demnach nach allgemeinen und besonderen Kooperationspflichten unterschieden.[87] Während die allgemeinen Kooperationspflichten als einen generellen Willen der Vertragsparteien zur Zusammenarbeit verstanden werden und dessen Verletzungen ohne Rechtsfolgen bleiben, sind die besonderen Kooperationspflichten deutlich detaillierter und konkreter beschrieben und werden bei ihrer Nichteinhaltung auch sanktioniert.[88]

Ferner unterscheidet der Bundesgerichtshof in seinem Urteil vom 23.05.1996 in Informations-, *Mitwirkungs- und Rügenobliegenheiten und –pflichten.*[89] In seiner richtungsweisenden Kooperationsentscheidung vom 28.10.1999 wird die zuvor genannte Rügepflicht durch den Bundesgerichtshof nicht mehr erwähnt, dafür erfolgt aber eine Ergänzung durch die Benennung einer weiteren *Verhandlungspflicht.*[90]

Diese Pflichten und Obliegenheiten sollen nachfolgend als besondere Kooperationspflichten bezeichnet und dargestellt werden. Weiterhin erfolgt eine weitgehende Zusammenfassung und Darstellung der übrigen Kooperationspflichten.

4.3.4 Mitwirkungsrechte und -pflichten der Vertragsparteien

Während die Kooperationspflichten für den Auftragnehmer nicht expliziert kodifiziert sind und wie bereits erwähnt aus dem Gebot nach Treu und Glauben abgeleitet werden können, findet man in Bezug auf den Auftraggeber im § 642 BGB nicht nur eine wörtliche Regelung der Mitwirkungspflicht, sondern auch noch die Sanktionierung im Fall einer Verletzung dieser:

[87] Heiko Fuchs, Kooperationspflichten der Bauvertragsparteien, Band 58, Werner Verlag 2003, S.70
[88] Michael Frahm, Kooperationspflichten im Bauvertrag, Akademiker Verlag 2016, S.11
[89] Urteil BGH vom 23.05.1996 – VII ZR 245/94
[90] Urteil BGH vom 28.10.1999 – VII ZR 393/98

§ 642 BGB Mitwirkung des Bestellers

(1) „Ist bei der Herstellung des Werkes eine Handlung des Bestellers erforderlich, so kann der Unternehmer, wenn der Besteller durch das Unterlassen der Handlung in Verzug der Annahme kommt, eine angemessene Entschädigung verlangen."

(2) „Die Höhe der Entschädigung bestimmt sich….."

Die meisten Kooperationsrechte und -pflichten sind jedoch in der VOB/B verankert und werden von dem Verfasser wie folgt dargestellt:

4.3.4.1 Bereitstellungsrechte und -pflichten der Vertragsparteien

Der Auftraggeber hat die Mitwirkungspflicht nach § 3 Abs.1 und 2, sowie § 4 Abs.1 Nr. 1 Satz 2 VOB/B die für die Ausführung notwendigen Unterlagen dem Unternehmer zu übergeben, das Baugelände mit Hauptachsen und Höhenfestpunkten auszustatten und die öffentlich-rechtlichen Genehmigungen und Erlaubnisse herbeizuführen. Die Missachtung dieser Pflichten führt zu einer Behinderung des Auftragnehmers nach § 6 VOB/B und wird in der sich daraus ergebenden Rechtsfolge klar sanktioniert.

Der Auftraggeber hat das Recht, bzw. der Auftragnehmer die Pflicht im Falle einer Kündigung aus wichtigem Grund, die Geräte, Gerüste und auf der Baustelle vorhandene, andere Einrichtungen und angelieferte Stoffe und Bauteile gegen eine angemessene Vergütung nach § 8 Abs.3 Nr. 3 dem Auftraggeber zur Verfügung zu stellen und damit selbst nach der Beendigung des Vertrages weiterhin zu kooperieren.

4.3.4.2 Koordinationsrechte und -pflichten der Vertragsparteien

Diese Rechte und Pflichten sind für das Erreichen des vereinbarten Vertragszieles von zentraler Bedeutung und finden daher in der VOB/B eine sehr umfassende Regelung in den § 4 Abs.1 Nr.1, § 4 Abs.1 Nr.2, § 4 Abs.1 Nr.3, § 4 Abs.4 VOB/B.

Besonders der § 4 Abs.1 Nr. 1 VOB/B hebt die Koordinationspflicht des Bauherrn hervor. Demnach muss der Auftraggeber zunächst für die allgemeine Ordnung auf der Baustelle sorgen und das Zusammenwirken der Unternehmer regeln und koordinieren.[91]

Der Zutritt zu den Arbeitsplätzen, Werkstätten und Lagerräumen muss durch den Auftraggeber gewährleistet werden. Er muss dafür sorgen, dass der Unternehmer seine Leistung störungsfrei erbringen kann. Wenn nichts anderes vereinbart ist, hat der Auftraggeber auch die Pflicht, dem Unternehmer unentgeltlich die auf der Baustelle notwendigen Lager- und Arbeitsplätze, vorhandenen Zufahrtswege, Anschlussgleise, sowie Anschlüsse für Wasser und Energie zur Benutzung zur Verfügung zu stellen. Im Rahmen dieser Pflicht hat der Auftraggeber aber auch das Recht die Erstellung des Bauwerkes zu überwachen und Anordnungen, sowohl gegenüber dem Bauunternehmer, als auch gegenüber dem Architekten zu treffen, die zur Erfüllung seiner Pflicht notwendig sind. [92]

Der Auftragnehmer wird dadurch jedoch nicht von seiner Pflicht, seine Leistung unter eigener Verantwortung nach den anerkannten Regeln der Technik auszuführen, entbunden. Es bleibt weiterhin auch seine Sache, die Ausführung seiner vertraglichen Leistungen zu leiten und für Ordnung auf seiner Arbeitsstelle zu sorgen. Der Auftraggeber schuldet dem Auftragnehmer keine Bauüberwachung. Die Koordinationspflicht des Auftraggebers ist von der Bauüberwachungsplicht des Auftragnehmers auf der Baustelle zu trennen.[93]

---

[91] Frank Peter Ohler, Privates Baurecht, Messerschmidt/Voit, C.H.Beck oHG Verlag, 3 Auflage 2018, S.60
[92] Frank Peter Ohler, Privates Baurecht, Messerschmidt/Voit, C.H.Beck oHG Verlag, 3 Auflage 2018, S.60
[93] Michael Frahm, Kooperationspflichten im Bauvertrag, Akademiker Verlag 2016, S.20

4.3.4.3 Informationsrechte und -pflichten der Vertragsparteien

Auch ein gegenseitiger Informationsaustausch ist zwecks Erreichen des Werkerfolges zwischen den Vertragsparteien unabdingbar. Dieser wird durch mehrere VOB/B-Passagen geregelt und dadurch dann auch wie folgt gewährleistet:

Gemäß § 3 Abs. 3 Satz 2 VOB/B muss der Unternehmer die ihm zur Verfügung gestellten Unterlagen auf etwaige Unstimmigkeiten prüfen und den Auftraggeber auf entdeckte oder vermutete Mängel hinweisen. Ferner ist nach § 3 Abs.4 VOB/B vor Beginn der Arbeiten der bauliche Zustand gemeinsam festzuhalten und in einer Niederschrift von beiden Parteien anzuerkennen.

Weiterhin gehören zu den wichtigsten Informationspflichten des Unternehmers seine Hinweispflicht, Bedenken im Falle einer unberechtigten Anordnung nach § 4 Abs.1 Nr. 4 VOB/B oder bei Bedenken gegen eine vorgesehene Art der Ausführung nach § 4 Abs.3 VOB/B anzumelden und seine Anzeigepflicht einer unverzüglichen Behinderungsmeldung nach § 6 Abs. 1 VOB/B und zwar selbst dann, wenn der Unternehmer lediglich an seine Behinderung glaubt, jedoch davon selbst nicht wirklich sicher überzeugt ist. In der Folge ist der Unternehmer weiterhin verpflichtet, sobald die hindernden Umstände aufgehoben sind, den Auftraggeber über die Wiederaufnahme der Arbeiten unaufgefordert zu benachrichtigen.

Die weiteren Anzeigepflichten des Unternehmers dienen gemäß § 15 Abs. 3 VOB/B einer rechtzeitigen Informationsweitergabe an den Auftraggeber über den Beginn der Leistungsausführung im Zuge der Stundenlohnarbeiten und über die Ausführung der zusätzlichen, im Vertrag nicht vorgesehenen Leistungen, nach § 2 Abs.6 Satz 2 VOB/B und sichern dadurch ebenfalls den rechtzeitigen Dialog der Vertragsparteien hinsichtlich der folgenden Abrechnung.

Weiter muss der Auftragnehmer seinen Vertragspartner nach § 16 Abs. 3 Nr. 5 VOB/B im Falle seines Nichteinverständnisses hinsichtlich der Schlusszahlungserklärung seinen Vorbehalt für unerledigte Forderungen innerhalb von 28 Tagen nach Zugang der Mitteilung erklären und dann nach weiteren 28 Tagen diesen auch begründen. Damit wird der Auftraggeber über die möglichen Streitigkeiten wegen offenen Forderungen rechtzeitig informiert und kann zum Beispiel einer Klage präventiv entgegenwirken.

Der § 16 Abs. 6 VOB/B macht es möglich, dass der Auftraggeber die Zahlungen direkt an den Gläubiger des Auftragsnehmers, die zur Erfüllung seiner Zahlungsverpflichtungen dienen, leistet. Infolge dessen ist der Auftragnehmer verpflichtet seinen Auftraggeber zu informieren, inwieweit er die Forderungen seiner Gläubiger anerkennt.

Auf Verlangen muss der Unternehmer nach § 4 Abs.1 Nr. 2 Satz 3 VOB/B auch die Werkzeichnungen oder andere Ausführungsunterlagen, sowie Ergebnisse von Güteprüfungen zur Einsicht vorlegen und die erforderlichen Auskünfte hierzu erteilen, wenn dadurch keine Geschäftsgeheimnisse preisgegebenen werden.

Alle während der Ausführung auf einem Grundstück entdeckten Gegenstände von Altertum, Kunst oder wissenschaftlichem Wert sind dem Auftraggeber nach § 4 Abs.9 VOB/B aufzuzeigen und nach näherer Weisung abzuliefern.

Schließlich ist auch der Unternehmer nach § 4 Abs.8 Nr. 3 VOB/B verpflichtet nach Verlangen, dem Auftraggeber die Namen, Adressen und gesetzlichen Vertreter seiner Nachunternehmer, sowie nach § 4 Abs.1 Nr. 3 Satz 3 den Namen desjenigen, der als Vertreter des Auftragnehmers für die Leistung der Ausführung bestellt ist, bekannt zu geben.

Der Auftraggeber muss seinerseits nach § 5 Abs.2 VOB/B Satz 1 bei fehlender vertraglicher Vereinbarung dem Unternehmer die Auskunft über den voraussichtlichen Beginn der Bauausführung erteilen. Der tatsächliche Beginn muss sodann wiederum vom Unternehmer gemäß § 5 Abs.2 Satz 2 angezeigt werden.

Während der weiteren Vertragsabwicklung soll der Auftraggeber gemäß § 15 Abs.3 Satz 3 und 4 VOB/B den Auftragnehmer über seine Einwendungen gegen den eingereichten Stundenzettel innerhalb von 6 Werktagen nach Zugang informieren.

Im Falle einer begründeten Kündigung ist der Auftraggeber verpflichtet dem Auftragnehmer nach § 8 Abs. 3 Nr. 4 binnen 12 Werktagen eine Aufstellung über die entstandenen Mehrkosten, sowie anderen Ansprüche nach der Abrechnung mit dem Dritten zuzusenden.

In der Haftungsregelung nach § 16 Abs. 4 VOB/B hat der Auftraggeber, sobald er die Verwendung gewerblich geschützter Verfahren oder Verwendung geschützter Gegenstände anordnet, die Pflicht den Auftragnehmer auf deren Schutzrecht hinzuweisen.

Gemäß § 16 Abs. 3 Nr. 2 VOB/B ist der Auftraggeber verpflichtet, den Unternehmer auf eine ausschließende Wirkung der vorbehaltlosen Annahme der Schlusszahlung, sowie gemäß § 18 Abs. 2 Nr. 2 Satz 2 und 3 VOB/B der Anerkennung der behördlichen Entscheidung innerhalb von 3 Monaten nach widerspruchslosem Eingang des Bescheides, eindeutig hinzuweisen.

Die Mitteilung der Höhe des einzubehaltenden Teilbetrages an dem Unternehmer zwecks Sicherung der vertraglich geschuldeten Leistungserbringung, ist für den Auftraggeber nach § 17 Abs.6 Nr.1 Satz 3 VOB/B ebenfalls verpflichtend.

Eine der wirklich bedeutendsten Informationspflichten des Auftraggebers findet man jedoch nicht im VOB/B, sondern im VOB/A § 7Abs. 1:

(1)„Die Leistung ist eindeutig und so erschöpfend zu beschreiben, dass alle Unternehmen die Beschreibung im gleichen Sinne verstehen müssen und ihre Preise sicher und ohne umfangreiche Vorarbeiten berechnen können.

(2) Um eine einwandfreie Preisermittlung zu ermöglichen, sind alle sie beeinflussenden Umstände festzustellen und in den Vergabeunterlagen anzugeben."

Diese Anforderungen sind jedoch nicht nur für die Angebotsphase maßgebend. Sie müssen durchgängig bis zum Vertragsabschluss und während der Baudurchführung beachtet werden. [94]

Als beiderseitige Informationspflichten versteht der Verfasser auch die zwingenden Voraussetzungen einer angemessenen Fristsetzung bei einer Kündigung, sowohl nach § 8 Abs.3 Nr.1 Satz 1 VOB/B, als auch nach § 9 Abs.2 Nr.2 Satz 2 VOB/B. Diese Maßnahme sichert die letztmalige Möglichkeit der Parteien sich zu einem Dialog wieder zu finden, bevor der Vertrag, bzw. Teilvertrag endgültig aufgelöst wird.

4.3.4.4 Verhandlungspflichten der Vertragsparteien

Ein wichtiges Urteil hinsichtlich der Verhandlungspflicht, auf das der Verfasser in seinen nachfolgenden Kapiteln näher eingehen möchte, fällte der Bundesgerichtshof am 28.10.1999.[95] Demnach haben die Parteien des Bauvertrages grundsätzlich die Pflicht zu versuchen, während der Vertragsausführung entstandene Meinungsverschiedenheiten, über die Notwendigkeit oder die Art und Weise der Anpassung des Vertrages oder seiner Durchführung an geänderte Umstände, durch Verhandlungen einvernehmlich beizulegen.[96]

Heiko Fuchs definiert die Verhandlungspflichten, indem er diese von den Mitwirkungspflichten wie folgt abgrenzt:

„Ist die Einleitung eines Verhandlungsprozesses zur einvernehmlichen Anpassung des Vertrages an geänderte Umstände bezweckt, handelt es sich um eine Verhandlungspflicht. Soll dagegen die vertragsgemäße Fertigstellung des Projektes gesichert werden, ist eine Mitwirkungspflicht anzunehmen.“ [97]

---

[94] Michael Frahm, Kooperationspflichten im Bauvertrag, Akademiker Verlag 2016, S.23
[95] Urteil BGH vom 28.10.1999 – VII ZR 393/98
[96] Heiko Fuchs, Kooperationspflichten der Bauvertragsparteien, Band 58, Werner Verlag 2003, S.78
[97] Heiko Fuchs, Kooperationspflichten der Bauvertragsparteien, Band 58, Werner Verlag 2003, S.79

Die Pflichten zur Verhandlung sind bereits in den ersten Passagen der VOB/B vorformuliert, wonach sich die Parteien erst über die Ausführung der zusätzlichen Leistung nach § 1 Abs.4 Satz 2 VOB/B und danach über die Höhe der Vergütung der zusätzlichen oder geänderten Leistungen nach § 2 Abs.5 Satz 2 VOB/B einigen müssen. Hier ist eine gewisse Verhandlungsbereitschaft zwingende Voraussetzung.

Hinsichtlich der förmlichen Abnahme und Hinzuziehung eines Sachverständigen wird sogar eine Verhandlung gemäß § 12 Abs.3 Nr.1 Satz 3 VOB/B:

„Der Befund ist in gemeinsamer Verhandlung schriftlich niederzulegen"

wörtlich vorgeschrieben, sodass der Auftraggeber dabei angehalten wird, sich mit der Position des Auftragnehmers auseinanderzusetzen.[98] Eine einseitige Willenserklärung des Bestellers nach § 640 BGB, die bei der Abnahme des Werkes zivilrechtlich vorgesehen ist, wird in der VOB/B durch die Möglichkeit eines direkten Dialoges und damit einer möglichen Vorortklärung erweitert und bietet demnach den beiden Parteien eine weitere wichtige Kooperationsmöglichkeit.

Die VOB/B bietet im Zuge der Vertragsabwicklung Raum für eine Reihe von Verhandlungsmöglichkeiten. So kann zum Beispiel hinsichtlich der Mängelansprüche nach § 13 Abs. 7 Nr. 5 in begründeten Sonderfällen eine von den allgemeinen Geschäftsbedingungen abweichende Vereinbarung bezüglich der Haftungseinschränkung oder -erweiterung getroffen werden.

Auch mangels rechtzeitiger Vorlage der Stundenlohnzettel und der dahingehenden Zweifel seitens des Auftraggebers besteht gemäß § 15 Abs. 5 VOB/B die Möglichkeit, eine andere Vergütung nach Maßgabe wirtschaftlich vertretbaren Aufwands an Arbeitszeit und Verbrauch von Stoffen, für Vorhaltung von Einrichtungen, Geräten, Maschinen, etc., zu vereinbaren.

[98] Michael Frahm, Kooperationspflichten im Bauvertrag, Akademiker Verlag 2016, S.22

Auch in der VOB/C finden sich mehrere Bestimmungen die beiden Vertragspartner dazu bedingen, gemeinsame Festlegungen und Entscheidungen zu treffen.[99] So findet man zunächst in den allgemeinen technischen Vertragsbedingungen der DIN – 18299 für Bauarbeiten jeder Art bei Titel 3 „Ausführung" unter Punkt 3.3, folgende Formulierung:

„Bei Gefahr im Verzug hat der Auftragnehmer die notwendigen Sicherungsmaßnahmen unverzüglich durchzuführen. Die weiteren Maßnahmen sind gemeinsam festzulegen."

Weiterhin ist zum Beispiel in der DIN 18300 bei Titel 3 „Ausführung" unter Punkt 3.1.6 folgendes ausformuliert:

„Die erforderlichen Leistungen sind gemeinsam festzulegen."

oder auch unter demselben Titel unter Punkt 3.2.3:

„Die Leistungen für die zu treffenden Maßnahmen sind gemeinsam festzulegen, und soweit nicht vom Auftragnehmer zu vertreten, Besondere Leistungen".

Ähnlich ist auch die Vorgehensweise der anderen Arbeitsarten in der VOB/C geregelt. Zum Beispiel DIN 13801 – Bohrarbeiten, DIN 18312 – Untertagebauarbeiten oder DIN 18303 – Verbauarbeiten.

Der VOB/C alter Fassung spricht sogar in der DIN 18312 – Untertagebauarbeiten von den gemeinsamen Problemlösungen und deren Bearbeitung während der Bauausführung:[100]

„Auftretende Probleme während der Bauausführung müssen gemeinsam bearbeitet und gelöst werden“.

Eine gemeinsame Vorortentscheidung, bzw. Problemlösung wird auch Gegenstand eines Lösungsvorschlages vom Verfasser zur Erweiterung der Kooperationspflichten in dem nachfolgenden Kapitel sein.

Abschließend bietet wiederrum die VOB/B nach § 18 Abs. 3 die Wahl eines Streitbeilegungsverfahrens, welches die beiden Parteien zusammen treffen sollen. Darüber sollen die Baubeteiligten allerdings im Zuge der Vertragsverhandlung entscheiden und sich spätestens zum Vertragsschluss einig sein.

4.3.4.5 Abrechnungsrechte und -pflichten der Vertragsparteien

Besonders hinsichtlich der Abrechnung erhält das Kooperationsgebot eine besondere Bedeutung, denn darin liegt der Ursprung der meisten Streitigkeiten in der Baubranche.

Eine direkte Abrechnungsregelung findet sich in der VOB/B § 14. Darüber hinaus erhält die VOB/B mehrere weitere Regelungen, die auch die Voraussetzungen regeln, die zu einer Abrechnung führen.

Eine der wichtigen Voraussetzungen zur Fälligkeit der Abrechnung ist die Abnahme der fertiggestellten Leistungen. Sie wurde im vorhergehenden Kapitel unter „Verhandlungspflichten“ ebenfalls erörtert.

Eine weitere Notwendigkeit einer gemeinsamen Handlung, die dann bezüglich der folgenden Abrechnung relevant sein wird, ist eine Zustandsfeststellung derjenigen

[100] Michael Frahm, Kooperationspflichten im Bauvertrag, Akademiker Verlag 2016, S.22

Leistungen nach § 4 Abs.10 Satz 1 VOB/B, die durch die weitere Ausführung einer Prüfung und Feststellung entzogen werden. Diese Leistungsfeststellung ist auf Verlangen gemeinsam vom Auftraggeber und Auftragnehmer durchzuführen und das Ergebnis schriftlich niederzulegen. Ferner sind auch in sich abgeschlossene Teile der Leistung auf Verlangen nach § 12 Abs.2 VOB/B besonders abzunehmen.

Sogar im Falle einer ausgesprochenen Kündigung sind die Parteien danach verpflichtet das Vertragsverhältnis ordentlich und gemeinsam zu beenden. So ist der Auftraggeber nach § 8 Abs.3 Nr. 4 VOB/B eine Aufstellung binnen 12 Werktagen über die entstandenen Mehrkosten und über seine anderen Ansprüche zuzusenden. Weiterhin kann der Auftragnehmer unmittelbar nach der Kündigung Aufmaß und Abnahme der von ihm ausgeführten Leistungen von dem Auftraggeber nach § 8 Abs.7 VOB/B verlangen. Im Gegenzug dazu muss der Auftragnehmer unverzüglich eine prüfbare Rechnung über die bis dahin ausgeführten Leistungen vorlegen.

Eine zentrale Rolle hinsichtlich des Kooperationsgebotes spielen die Regelungen gemäß § 14 Abs. 1 und 2 VOB/B. Diese sichern einerseits dem Auftraggeber das Recht, dass die Abrechnung von den erbrachten Leistungen nach einer bestimmten Form definiert und auch prüfbar aufgestellt wird, andererseits fordern sie gemäß § 14 Abs. 2 VOB/B eine direkte Kooperation ein, indem für alle für die Abrechnung notwendigen Feststellungen, inklusive Leistungen, die bei Weiterführung der Arbeiten nur schwer feststellbar sind, möglichst eine gemeinsame Aufmaßbegehung vorgeschrieben wird.

Sollte dieser Kooperationsgedanke in der Praxis durch die Baubeteiligten konsequent umgesetzt werden, so vertritt der Verfasser die Meinung, dass in Zukunft bedeutend deutlich weniger Rechtsstreitigkeiten entstehen würden.

Jedoch herrscht bedauerlicherweise weder in der Bauwelt, noch in der Fachwelt und Literatur hinsichtlich dieser Regelungen Einigkeit.

Daher besteht an dieser Stelle die Notwendigkeit, diese Problematiken etwas näher zu erläutern:

Die Vorgaben des § 14 Abs. 1 Satz 2 der VOB/B

"Er hat die Rechnungen übersichtlich aufzustellen und dabei die Reihenfolge der Posten einzuhalten und die in den Vertragsbestandteilen enthaltenden Bezeichnungen zu verwenden"

können miteinander konkurrieren.

Ist die der Ausschreibung zugrunde liegende Leistungsbeschreibung ungeordnet oder nicht schlüssig dargestellt, wird dieser Missstand bei der Abrechnung fortgeschrieben, indem die Reihenfolge der ausgeschriebenen Positionen eingehalten wird.[101]

Sollte der Fall eintreten, ist hier zwischen den Beteiligten, zwingend eine kooperative Handlung geboten um gemeinsam die unnötigen Missstände zu korrigieren und dabei eventuell im gegenseitigen Einvernehmen von den für beide Seiten nachteiligen, vertraglichen Regelungen abzuweichen.

Eine weitere Diskrepanz besteht hinsichtlich der Rechtsfolge, bzw. Sanktionierung einer Verletzung der Nebenpflicht gemäß § 14 Abs. 2 Satz 1 VOB/B:

"Die für die Abrechnung notwendigen Feststellungen sind dem Fortgang der Leistung entsprechend möglichst gemeinsam vorzunehmen„

Über die rechtliche Einordnung des Satzes und der sich daraus ergebenen Folgen besteht in der Fachliteratur nach wie vor Uneinigkeit. Bereits an dem Wortlaut ist jedoch nach Meinung von *Messerschmidt* kein wechselseitiger Rechtsanspruch

---

[101] Ulrich Nagel, Zahlungsforderungen sichern und durchsetzen, Beuth Verlag, 3 Auflage, 2013, S.63,64

auf Mitwirkung an der Erstellung eines gemeinsamen Aufmaßes zu erkennen. Deshalb wird dieser Vorschrift ausschließlich ein empfehlender Charakter beigemessen.[102]

Andererseits führt Messerschmidt in seinen *Beck´schen Kurzkommentaren* weiter aus, dass die Abrechnungs- und Aufmaßbestimmungen nicht nur den Charakter von reinen Rechenwerken haben. Er leitet deren gesetzliche Bestimmungen aus den Schranken der §§ 305c Abs. 2 und § 307 Abs. 1 Satz 2 BGB ab:

„ Zweifel bei der Auslegung Allgemeiner Geschäftsbedingungen gehen zu Lasten des Verwenders"

bzw.

„Eine unangemessene Benachteiligung kann sich auch daraus ergeben, dass die Bestimmung nicht klar und verständlich ist."

Grundsätzlich muss der Auftragnehmer im Streitfall die Richtigkeit des Aufmaßes nachweisen. Somit trägt er die sogenannte Beweislast. Daraus ergibt sich nach Angaben von *Fiedler* und *Zeiskein* in ihren *VOB Kommentaren & Musterbriefen* gemäß ständiger Rechtsprechung für den Auftragnehmer der Anspruch auf ein gemeinsames Aufmaß. Sie sind der Auffassung, dass sobald sich der Auftraggeber weigern sollte an einem gemeinsamen Aufmaß teilzunehmen, für den Auftragnehmer die Möglichkeit besteht, ein einseitig erstelltes Aufmaß seiner Abrechnung zu Grunde zu legen.

Bestreitet sodann der Auftraggeber die Richtigkeit des Aufmaßes, obwohl er eine Einladung zu deren gemeinsamer Festlegung ausgeschlagen hatte, ist er dazu verpflichtet den Beweis für die Unrichtigkeit des Aufmaßes zu erbringen. Seine

---

[102] Burkhard Messerschmidt, Beck´sche Kurz Kommentare, Kapellmann/Messerschmidt, C.H.Beck oHG Verlag, 6 Auflage 2018, S.1541

Verweigerungshaltung führt ihn letztendlich zu einer Umkehr der Beweislast, sodass der Bauherr nunmehr die Nichtausführung nachweisen muss.[103]

Diesbezüglich ähnliche Ausführungen findet man in den von *Messerschmidt* verfassten *Beck´schen Kurzkommentaren* wieder. Weigert sich demnach der Auftraggeber nachgewiesenermaßen an einer gemeinsamen Aufnahme des Aufmaßes mitzuwirken, verstößt er gegen den innewohnenden Kooperationsgedanken der VOB. Dies ist nicht nur damit zu sanktionieren, indem sich für die nachträglich auftretenden Aufmaßdifferenzen die Beweislast auf die Seite des Auftraggebers verschiebt, sondern auch durch die Überlegung für eine Begründung eines Schadenersatzanspruches für den Auftragnehmer aus der gleichen Erwägung.[104] Dafür spricht auch die durch den Bundesgerichtshof vorgenommene Qualifikation eines Aufmaßes als deklaratorisches, bzw. bestätigendes Schuldanerkenntnis.[105]

Voit vertritt ebenfalls ähnlich wie *Messerschmidt* die Meinung, dass die Mitwirkung des Auftraggebers am Aufmaß mangels besonderer Vereinbarung nicht erzwungen werden kann, da es weniger um eine vertragliche Verpflichtung der Parteien geht, sondern vielmehr darum, die Streitigkeiten bereits im Vorfeld zu begegnen. Aus der Verweigerung der Kooperation kann jedoch nach Auffassung von *Voit* eine Behinderung nach § 6 Abs. 1 generiert werden, sodass sich die Ausführungsfristen verlängern, wenn dem Auftragnehmer angesichts einer Unsicherheit über die Abrechnung nicht zumutbar wäre die Arbeiten fortzusetzen. Im Gegensatz zu den vorangegangenen Meinungen sieht *Voit* aufgrund der Tatsache, dass die Mitwirkung des Bauherrn lediglich eine Obliegenheit und keine Pflicht ist, weder eine Anspruchsgrundlage für Schadensersatz nach § 6 Abs. 6 VOB/B, noch eine Umkehr der Beweislast.[106]

Würden andererseits dem Auftraggeber die zusätzlichen Kosten, z. B. durch ein Sachverständigengutachten für die Aufmaßerstellung entstehen, weil ihm der Auf-

---

[103] Markus Fiedler, Christian Zeiske, VOB Kommentare & Musterbriefe, WEKA Verlag, 4 Auflage, 2014, Band 2, Titel 12/12.5, S.11
[104] Burkhard Messerschmidt, Beck´sche Kurz Kommentare, Kapellmann/Messerschmidt, C.H.Beck oHG Verlag, 6 Auflage 2018, S.1542
[105] BGH NJW 1958, 1535; OLG HAMM NJW-RR 1991, 1496(1497)
[106] Wolfgang Voit, Privates Baurecht, Messerschmidt/Voit, C.H.Beck oHG Verlag, 3 Auflage 2018, S.1850

tragnehmer die Möglichkeit genommen hat an einem gemeinsamen Aufmaß teilzunehmen, so lässt sich daraus sehr wohl ein Schadensersatz nach § 280 BGB begründen, aufgrund der Verletzung einer vertraglichen Nebenpflicht dem Auftraggeber die Prüfung der Abrechnungsgrundlagen zu ermöglichen.[107]

Im Ergebnis lässt sich die Vorschrift über die möglichst gemeinsame Aufstellung des Aufmaßes als Ausprägung des für den Bauvertrag durch die Rechtsprechung hergeleiteten Kooperationprinzips darstellen.[108]

4.3.4.6 Fürsorgepflichten der Vertragsparteien

Des Weiteren haben die Bauparteien im Sinne einer Kooperation die Pflicht dafür zu sorgen, die für ihren Vertragspartner unnötigen Schäden zu vermeiden und zum Beispiel als Auftragnehmer nach § 6 Abs. 3 Satz 1 VOB/B alles zu tun was billigerweise zugemutet werden kann um die Arbeiten weiterzuführen. Nach Wegfall einer Behinderung muss der Arbeitnehmer ohne gesonderte Aufforderungen die Arbeiten von sich aus wieder aufnehmen. Aber auch ohne hindernde Umstände besteht seitens des Auftragnehmers nach § 5 Abs. 1 Satz 1 VOB/B eine Pflicht, die Leistung angemessen zu fördern und fristgerecht zu vollenden.

Hinsichtlich der weiteren Fürsorge- und Schadensminderungspflichten kann die Verpflichtung gemäß § 8 Abs. 1 Nr. 2 Satz 2 VOB/B, die im Zuge der ausgesprochenen freien Kündigung ersparten Aufwendungen zu Gunsten des Auftraggebers zu berücksichtigen, als eine Kooperation angesehen werden.

Für einen öffentlichen Auftraggeber sieht der § 18 Abs. 2 Nr. 1 Satz 1 VOB/B vor, dass der Unternehmer im Falle von mit Behörden entstandenen Meinungsverschiedenheiten zunächst die der auftraggebenden Stelle unmittelbar vorgesetzte Stelle anruft. Dadurch erhalten beide Parteien, vor allem jedoch der Auftragnehmer, die Gelegenheit zu einer mündlichen Aussprache. Dies dient dafür gerichtli-

[107] Wolfgang Voit, Privates Baurecht, Messerschmidt/Voit, C.H.Beck oHG Verlag, 3 Auflage 2018, S.1851
[108] Burkhard Messerschmidt, Beck´sche Kurz Kommentare, Kapellmann/Messerschmidt, C.H.Beck oHG Verlag, 6 Auflage 2018, S.1541

che Streitigkeiten möglichst zu vermeiden und fördert weiterhin eine Kooperation der Beteiligten.

Fraglich ist zunächst, ob die Schutzplichten des Auftragnehmers nach § 4 Abs. 5 VOB/B, bzw. die gegenseitigen Schutzpflichten gemäß § 241 Abs. 2 BGB als besondere Kooperationspflichten ausgelegt werden können. *Fuchs* vertritt zunächst die Meinung, dass eine gesonderte Ausgestaltung dieser Pflichten als Kooperationspflichten in einem Bauvertrag insoweit überflüssig erscheint, da der Begriff Kooperation regelmäßig nur in Verbindung mit der Erreichung des vertraglich vereinbarten Leistungserfolges verwendet wird. Dies würde auch der Rechtsprechung des Bundesgerichtshofes entsprechen, welcher betont, dass *„der Bauvertrag als Langzeitvertrag"* der Kooperation bedürfe.

Damit rückt er den Vertragszweck in den Mittelpunkt der Kooperation, die dem Erhaltungsinteresse dienenden Pflichten.[109] Auf dem zweiten Blick setzt sich *Fuchs* in der Hinsicht mit dem Urteil des OLG Köln zum Schürmann-Bau Fall auseinander und versteht diese Kooperationsentscheidung dahingehend, dass die dogmatische Unterscheidung zwischen leistungssichernden Nebenpflichten und Schutzpflichten nicht die Tatsache ausschließt, dass im Einzelfall Erfüllungs- und Integritätsinteresse gleichzeitig betroffen werden könnten.[110]

Schließlich kann der Bauvertrag als ein Vertrag mit einer Schutzverpflichtung nicht nur hinsichtlich einer Schutzwirkung des Auftraggebers vor Schäden, sondern auch als eine Schutzwirkung gegenüber eines in den Schutzbereich des Vertrages einbezogenen Dritten verstanden werden.[111]

---

[109] Heiko Fuchs, Kooperationspflichten der Bauvertragsparteien, Band 58, Werner Verlag 2003, S.74
[110] Heiko Fuchs, Kooperationspflichten der Bauvertragsparteien, Band 58, Werner Verlag 2003, S.74
[111] Michael Frahm, Kooperationspflichten im Bauvertrag, Akademiker Verlag 2016, S.29

4.4 Rechtsprechung zu Kooperationspflichten bis 31.12. 2017

Nachfolgend wird der bis zum 31.12.2017 vorangegangene Stand der Rechtsdogmatik zu dem Thema Kooperationspflichten dargestellt. Maßgebend dazu sind die beiden Urteile des Bundesgerichtshofes von 1996 zur Ankündigungspflicht und von 1999 zur Kooperation, bei denen sich die Judikative Gewalt erstmalig ernsthaft mit dem Begriff Kooperation der Bauvertragsparteien auseinandergesetzt hat. Die nachfolgenden Abschnitte behandeln ausschließlich vom Verfasser ausgewählte und für aussagekräftig befindende Urteile zum Thema Kooperation.

4.4.1 BGH Urteil vom 23.05.1996 – Ankündigungspflicht

Leitsätze: AGBG § 9; VOB/B § 2 Nr. 6 Abs. 1

1. **a. Die nach § 2 Nr. 6 Abs. 1 S. 2 VOB/B erforderliche Ankündigung des Auftragnehmers für eine im Vertrag nicht vorgesehene Leistung eine zusätzliche Vergütung zu beanspruchen, dient dem Schutz des Auftraggebers. Er soll über drohende Kostenerhöhungen rechtzeitig informiert werden um danach disponieren zu können. Die Ankündigung soll ferner frühzeitig Klarheit schaffen, ob eine Leistung von der ursprünglichen Beschreibung der Leistung nicht erfasst war, also eine zusätzliche Leistung im Sinne von § 1 Nr. VOB/B ist.**
   b. Ein Verlust des Vergütungsanspruches für eine zusätzliche Leistung tritt nicht ein, soweit die Ankündigung im konkreten Fall für den Schutz des Auftraggebers entbehrlich und daher ohne Funktion war oder wenn ihre Versäumung ausnahmsweise entschuldigt ist. Der Auftraggeber trägt hierfür die Darlegungs- und Beweislast.
2. **In dieser Auslegung hält § 2 Nr. 6 Abs. 1 S. 2 VOB/B einer isolierten Inhaltskontrolle nach § 9 AGBG stand.**

Der Bundegerichtshof musste sich in diesem Fall mit dem folgenden Sachverhalt beschäftigen: Ein Auftragnehmer (Kläger) musste als Nachunternehmer einer Arbeitsgemeinschaft (Beklagte) bei der Errichtung eines Knappschaftskrankenhauses, Trockenbauarbeiten für eine Gesamtauftragssumme von rund 1,6 Mio. DM[112] ausführen. Darüber hinaus begehrte die Klägerin eine Zahlung der weiteren Vergütung i. H. von rund 150.000 DM. Der Anspruch ergebe sich aus einer zusätzlich angeordneten und erbrachten Leistung, welche angeblich von dem vertraglichen Leistungsumfang nicht erfasst wurde. Durch die Vorinstanz wurde die Klage jedoch mit der folgenden Begründung abgewiesen: Es könnte offen bleiben, ob die Leistung vom vertraglichen Leistungsumfang umfasst wurde oder nach Ansicht der Beklagten als Nachbesserungsarbeiten anzusehen ist. Da der Auftragnehmer es versäumt habe, seine Vergütungsansprüche vor der Ausführung der zusätzlichen Leistung gemäß § 2 Nr. 6 Abs. 1 Satz 2 VOB/B anzukündigen, verliert er dadurch seinen Anspruch auf Vergütung. Dagegen richtete sich die Revision des Klägers vor dem Bundesgerichtshof. Mit Erfolg!

Der Bundesgerichtshof hob das Urteil des Berufungsgerichts auf und verwies die Sache zur erneuten Verhandlung zurück. Sehr bedeutsam stellte der Bundesgerichtshof im Rahmen seiner Auslegung, dass der Bauvertrag *„als Langzeitvertrag einer Kooperation bedürfe“* [113], mit den daraus entstehenden Pflichten wie *„Informations-, Mitwirkungs- und Rügenobliegenheiten und -pflichten„*[114].

In deren Rahmen soll der Auftragnehmer seinen Auftraggeber rechtzeitig über die Kostenerhöhungen informieren und damit auch schützen. Einerseits damit er über die auf ihn zukommenden, zusätzlichen Kosten rechtzeitig informiert ist und daraufhin auch rechtzeitig disponieren könnte, andererseits um dem Vertragspartner die Möglichkeit gewähren zu können, seine Entscheidung womöglich unter diesem Aspekt zu überdenken und die *billigere Alternative zu einer kostenträchtigen Anordnung zu wählen.*[115]

---

[112] Heiko Fuchs, Kooperationspflichten der Bauvertragsparteien, Band 58, Werner Verlag 2003, S.6
[113] Urteil BGH vom 23.05.1996 – VII ZR 245/94
[114] Urteil BGH vom 23.05.1996 – VII ZR 245/94
[115] Urteil BGH vom 23.05.1996 – VII ZR 245/94

Ferner sollte diese Ankündigung auch rechtzeitig Klarheit schaffen, ob die geforderte Leistung tatsächlich von der vertraglichen Leistung abweicht, bzw. nicht erfasst ist, damit der Auftraggeber sich auf nicht vermeidbare Mehrkosten einrichten könnte und um an den anderen Stellen durch Einsparungen ausgleichen zu können.

Jedoch war der Bundesgerichtshof gleichzeitig der Ansicht, dass die berechtigten Interessen des Auftragsnehmers nicht unberücksichtigt bleiben können. Insbesondere dann, wenn ausgehend von der Funktion dieser Ankündigung in einem Kooperationsverhältnis der Vertragspartner als Schutzfunktion vor unerwarteten Kostenerhöhungen und Sicherstellungen der dagegen gerichteten Handlungen, der Verlust des Vergütungsanspruches nicht gerechtfertigt sein kann, wenn diese Ankündigung in diesem *konkreten Fall für den Schutz des Auftraggebers entbehrlich und daher ohne Funktion war*[116].

Weiterhin ist diese Ankündigung entbehrlich, falls dem Auftragnehmer nach Lage und Dinge *keine Alternative zur sofortigen Ausführung der Leistung blieb*[117]. Andererseits wäre nach Auffassung des obersten Gerichts zu beachten, dass der Auftragnehmer durch diese vertragswidrige Unterlassung der Ankündigung eine wesentliche Voraussetzung für den Streit schafft und sein Verhalten dadurch letztendlich, falls sich hierdurch die Situation des Auftraggebers verschlechtern sollte, nicht dem *Kooperationscharakter des Bauvertrages*[118] entspricht. Infolgedessen obliegt dem Unternehmer die Darlegungs- und Beweislast, die Entbehrlichkeit der Ankündigung nachzuweisen, bzw. sich für das Versäumen dieser zu entschuldigen.

[116] Urteil BGH vom 23.05.1996 – VII ZR 245/94
[117] Urteil BGH vom 23.05.1996 – VII ZR 245/94
[118] Urteil BGH vom 23.05.1996 – VII ZR 245/94

4.4.2 BGH Urteil vom 28.10.1999 – Kooperation

Leitsätze: VOB/B vor § 1

1. **Die Vertragsparteien eines VOB/B-Vertrages sind während der Verhandlungsführung zur Kooperation verpflichtet.**
2. **Entstehen während der Vertragsdurchführung Meinungsverschiedenheiten zwischen den Parteien über die Notwendigkeit oder die Art und Weise einer Anpassung des Vertrages oder seiner Durchführung an geänderte Umstände, sind die Parteien grundsätzlich verpflichtet, durch Verhandlungen eine einvernehmliche Beilegung der Meinungsverschiedenheiten zu versuchen.**

In seinem wichtigsten Urteil zur Kooperation, welches auch gleichzeitig einen enormen Diskussionsprozess in der Literatur und zwischen den Baufachkundigen bezüglich des Bestehens oder Nichtbestehens der Kooperationspflichten in Gang setzte, knüpft der Bundesgerichthof an sein Urteil von 1996 an und schreibt seinen Kooperationsgedanken fort, bzw. bestätigt seine verpflichtende Kooperationshaltung in Bezug auf langfristige Bauverträge.

Im hiesigen Fall begehrte das klagende Land den Ersatz der Mehrkosten von dem Auftragnehmer (dem Beklagten), die durch eine Beauftragung eines Drittunternehmers nach Vertragskündigung durch den Auftragnehmer entstanden waren. Der ursprünglich beauftragte Unternehmer sollte die Deckenarbeiten in einem Bauvorhaben des Klägers ausführen. Der Arbeitsbeginn war für den 7. August 1992 vertraglich vereinbart. Dieser Termin konnte aufgrund der nicht termingerecht erbrachten Vorleistungen anderer, durch das Land beauftragten Unternehmer, nicht eingehalten werden und wurde sodann durch Übersendung eines geänderten Terminplanes am 22. Juni 1992 auf den 4.November 1992 verschoben. Daraufhin fand am 2. September 1992 eine Besprechung zwischen dem damaligen Geschäftsführer der Beklagten und einem Mitarbeiter des durch den Kläger als Erfüllungsgehilfen beauftragten Architekturbüros statt, in der grundsätzlich eine Einigung über die oben genannte Terminverschiebung erzielt wurde. Über die Einzelheiten bezüglich des Inhalts des Gespräches wurde zwischen den Parteien später gestritten. Jedenfalls übersandte der beklagte Unternehmer am 2. Oktober 1992 folgendes Schreiben:

„Aufgrund der Verschiebung des Baubeginns sind wir gezwungen, nachstehenden Nachtrag zu stellen:

N 1 Verschiebung des Baubeginns

6 Mann je 608 Std. je 36,50 DM/Std. insgesamt 133.152,-- DM.
Wir haben für Ihre Baumaßnahme diese 6 Mann eingestellt und bereitgestellt. Uns sind erhebliche Kosten durch diese Verschiebung des Baubeginns entstanden und wir sind nicht in der Lage und auch nicht gewillt, diese selbst zu tragen. „[119]

Am 16. Oktober 1992 antwortete der Auftraggeber wie folgt:

„...der überarbeitete Terminplan wurde Ihnen bereits am 12.06.92 vom Büro H. und Partner übersandt. Dieser wurde von Ihnen am 02.09.92 bestätigt. Da der geänderte Ausführungsplan Ihnen frühzeitig vor dem ursprünglich geplanten Arbeitsbeginn (07.08.92) mitgeteilt wurde, hatten Sie genügend Gelegenheit, Ihr Montagepersonal zu disponieren. Ihre Forderung aus o. g. Nachtrag muß ich daher zurückweisen."[120]

Daraufhin kündigte das beklagte Unternehmen den Vertrag im Hinblick auf die durch die Verzögerung verursachten Kosten. In seiner Antwort vom 5. November 1992 hatte das Land die Kündigung als unzulässig zurückgewiesen und den Unternehmer aufgefordert bis zum 17. November 1992 unter der Androhung der Kündigung seitens des Auftraggebers die Arbeiten wieder aufzunehmen. Schließlich wurde der Unternehmer am 30. November 1992 gekündigt, nachdem er die Aufnahme der Arbeiten von der Zustimmung zu dem Nachtrag abhängig gemacht

[119] Urteil BGH vom 28.10.1999 – VII ZR 393/98
[120] Urteil BGH vom 28.10.1999 – VII ZR 393/98

hatte. Das Land vergab abschließend den Auftrag erneut an die Firma L. AG, deren Mehrvergütung es vom Auftragnehmer zu ersetzen verlangte. Vorrangig streiten sich die Parteien darüber, ob die Beklagte berechtigt war den Bauvertrag zu kündigen.

In den beiden Vorinstanzen wurde die Klage sowohl durch das Landgericht mit dem Urteil vom 13.11.1996[121], als auch durch das Oberlandgericht mit dem Urteil vom 08.10.1998[122] abgewiesen. In seiner Begründung stellte das Berufungsgericht klar, dass der Auftragnehmer den Vertrag zurecht gekündigt hatte. Eine Zustimmung des Auftragnehmers über die Verschiebung des Baubeginns stelle keinen Verzicht auf den Mehrvergütungsanspruch, den der Unternehmer aufgrund einer geänderten Anordnung, nach § 2 Abs. 5 VOB/B auf jeden Fall hatte.

Der Kläger hätte sich außerdem ernsthaft und endgültig geweigert, mit dem Beklagten über eine Anpassung der Vergütung zu verhandeln. Dies gebe dem Unternehmer das Recht, den Vertrag auch ohne Fristsetzung mit Ablehnungsandrohung zu kündigen. Darüber hinaus könne sich der Auftraggeber keine Ansprüche aus § 18 Nr.5 VOB/B (*„Streitfälle berechtigen den Auftragnehmer nicht, die Arbeiten einzustellen.“*) herleiten, da die Ablehnung des Nachtragsbegehrens des Auftragnehmers eine grobe Pflichtverletzung sei. Deswegen *sei die Beklagte nach Treu und Glauben nicht verpflichtet gewesen mit den Arbeiten zu Beginnen.*[123] Zu einem möglichen Kooperationsgedanken, bzw. Kooperationspflichten aufgrund Langzeitvertrages hatte sich das Oberlandgericht nicht geäußert.

Entgegen der allgemeinen Erwartung des BGH würde sich zu dem anhaltenden Meinungsstreit, ob dem Auftragnehmer bei fehlender Einigung über sein Mehrvergütungsverlangen ein Kündigungsrecht zusteht, Stellung nehmen, stützte das oberste Gericht seine Entscheidung auf die Verletzung der Kooperationspflichten und hob das Urteil des OLG Frankfurt auf. Er stellt die Kündigung des Unternehmers als unberechtigt dar, aufgrund dessen, dass er seine ihm obliegende Pflicht zur Kooperation verletzt habe und nimmt gleichzeitig Bezug auf das vorangegan-

---

[121] LG Frankfurt, Urt. v. 13.11.1996, 2/4 O 385/95
[122] OLG Frankfurt, Urt. v. 08.10.1998, 1 U 186//96
[123] Urteil BGH vom 28.10.1999 – VII ZR 393/98

gene Urteil vom 23.05.1996. Die Vertragsparteien sollen grundsätzlich den Weg der Verhandlung und Klärung der entstandenen Meinungsverschiedenheiten suchen und nach Möglichkeit die Konflikte einvernehmlich beilegen. [124]

Trotz der Formulierung

„Ihre Forderung muss ich daher zurückweisen",

stelle das Antwortschreiben des Klägers keine endgültige Weigerung dar, etwaige berechtigte Nachtragsforderungen des Auftragnehmers anzuerkennen. Das Schreiben sei eine verständliche Reaktion auf die Forderung gewesen und Bedarf einer näheren Erklärung seitens des Arbeitnehmers. Der erhobene Einwand des Klägers, der Unternehmer hätte die Arbeitskräfte anders einsetzen können, würde den Umständen nahe liegen und nur die darzulegende Höhe des Anspruches betreffen. Diese Darlegung und Erläuterung hätte der Unternehmer verweigert und den Vertrag ohne den Versuch einer einvernehmlichen Lösung herbeizuführen, gekündigt. Somit hätte der Beklagte seine Pflicht zur Kooperation verletzt. Die ausgesprochene Kündigung sei daher unberechtigt.

Dieses Urteil ist in der Fachliteratur vornehmlich auf eine Zustimmung gestoßen, bzw. kritiklos zur Kenntnis genommen. Ergänzend fügten lediglich nur *Wirth* und *Kapellmann/Langen* bei deren grundsätzlichem Einverständnis zu dem gesprochenen Urteil hinzu, dass doch die Auslegung des Antwortschreibens des klagenden Landes, aufgrund der sehr eindeutigen Wortlaute „überraschend, bzw. störend sei." [125]

[124] Heiko Fuchs, Kooperationspflichten der Bauvertragsparteien, Band 58, Werner Verlag 2003, S.12
[125] Heiko Fuchs, Kooperationspflichten der Bauvertragsparteien, Band 58, Werner Verlag 2003, S.13,14

4.4.3 BGH Urteil vom 09.11.2000 – Bauhandwerkersicherung

Leitsätze: BGB § 648a

u.a.

Der Besteller kann verpflichtend sein, auf ein überhöhtes Sicherungsverlangen die nach § 648a BGB forderbare Sicherheit zu leisten, wenn deren Höhe für ihn feststellbar ist.

Auch in diesem Urteil nimmt der Bundesgerichtshof auf seine bereits gesprochenen Kooperationsentscheidungen eindeutig Bezug. Zunächst bestätigt das oberste Gericht die Entscheidung der Vorinstanz. Allerdings begründet er die Entscheidung des Berufungsgerichtes mit der Präzisierung seiner Entscheidung, dass *„der zur Kooperation verpflichtete“* [126] Auftraggeber mangels angemessener Reaktion nicht den Rechtsfolgen entgehen könnte.

In diesem Fall verlangte der Auftragnehmer eine Sicherheit nach § 648a BGB in Höhe von 1,25 Millionen Mark. Dabei lag die, zumindest unstrittige, Vergütungsforderung bei rund 950 Tausend Mark. Der Auftraggeber verweigerte nicht nur die Stellung der Sicherheit in voller Höhe, sondern lehnte es ab überhaupt eine Sicherheit zu stellen. Daraufhin kündigte der Auftragnehmer nach erfolgloser Nachfristsetzung den Bauvertrag.

Die Berufungsinstanz hatte ausgeführt, dass allein die Differenz zwischen der geforderten und dem Unternehmer tatsächlich zustehenden Sicherheit nicht ausreichen würde um das Sicherheitsverlangen als insgesamt vertragswidrig einzuordnen.

Der Bundesgerichtshof wies sodann bei seiner Bestätigung der Entscheidung vom Berufungsgericht darauf hin, dass der Schuldner im Rahmen seiner Kooperationspflichten zu prüfen verpflichtet sei, ob er die Sicherheitsaufforderung als die zur

---

[126] Urteil BGH vom 09.11.2000 – VII ZR 82/99

Bewirkung der tatsächlich geschuldeten Leistung verstehen soll. Bei einer unverhältnismäßig überhöhten Forderung wäre das zu verneinen. In diesem Fall sei jedoch anzunehmen, dass der Schuldner selbst bei einer auf den wirklichen Rückstand beschränkten Sicherheitsforderung nicht geleistet hätte, da er mangels jeglicher Reaktion und seiner ablehnenden Haltung überhaupt nicht kooperierte.

4.4.4 BGH Urteil vom 22.06.2003 – Gemeinsames Aufmaß

In seiner Urteilsbegründung nimmt das oberste Gericht wieder Bezug auf die Kooperationspflichten und verweist auf das bereits vom Verfasser erläuterte Urteil vom 28.10.1999[127]. Außerdem stellt der Bundesgerichtshof unmissverständlich klar, dass *die Verpflichtung zur Teilnahme am gemeinsamen Aufmaß sich aus der im Bauvertrag geltenden beiderseitigen Pflicht zur Kooperation ergibt.*[128] Diese Pflicht ergibt sich aus § 14 Abs. 2 VOB/B. Weiterhin kann das unberechtigte Fernbleiben des Auftraggebers am Aufmaßtermin auch prozessuale Bedeutung haben, falls danach die Durchführung eines neuen Aufmaßes zwar erforderlich, jedoch nicht mehr möglich ist, etwa wenn die durchgeführten Arbeiten durch die nachfolgenden Arbeiten eines Drittunternehmers bereits verdeckt sind. In diesem Fall hat der Auftraggeber die Beweislast und muss die Unrichtigkeit der angesetzten Massen beweisen.

4.4.5 BGH Urteil vom 10.05.2007 – Kooperationsgebot

Ein Heizungsbauer hatte von der Landesbauverwaltung den Auftrag an der Heizzentrale einer Justizvollzugsanstalt Wärmedämmarbeiten auszuführen. Im Rahmen seiner Mitteilungspflichten verwies der Auftragnehmer darauf hin, dass durch die DIN 4140 erforderliche Abstände zwischen den gedämmten Rohren untereinander und zu den Wänden nicht vorhanden sind. Ferner verwies der Heizungsbauer auf ein drohendes Bußgeld, falls sich der Auftraggeber weiter wie ge-

---

[127] Urteil BGH vom 28.10.1999 – VII ZR 393/98
[128] Urteil BGH vom 22.06.2003 – VII ZR 143/02

wünscht mit der geringeren Dämmung zufrieden geben sollte. Aufgrund dessen, dass der Auftraggeber dabei trotzdem auch bei der geänderten Ausführung die öffentlichen Normen und Verordnungen einhalten sollte, hielt er die geänderte Anordnung der Landesbauverwaltung für unberechtigt und unzweckmäßig. Die Meinungsverschiedenheit bezüglich der Anwendbarkeit der DIN 4140 hatte dazu geführt, dass der Unternehmer die Arbeiten eingestellt hatte. Er nahm die Wärmedämmarbeiten auch trotz Fristsetzung nicht wieder auf. Daraufhin kündigte ihm der Auftraggeber und verlangte Schadensersatz wegen Mehrkosten für die Fertigstellung der geschuldeten Leistung. Im Gegensatz dazu hielt der Heizungsbauer die Kündigung für unberechtigt und betrachtete sodann die Vertragsauflösung als eine sogenannte freie Kündigung. Er verlangte infolge dessen die volle vertraglich vereinbarte Vergütung abzüglich ersparter Aufwendungen, insgesamt in Höhe von 81.100 Euro.

Der Bundesgerichtshof beschäftigt sich in seiner Urteilsfindung keineswegs mit der Frage, ob die einschlägigen DIN Normen im hiesigen Fall Anwendung finden sollen oder nicht. Er hält dem Auftraggeber vor, sich

nicht um eine einvernehmliche Beilegung des bestehenden Konfliktes bemüht zu haben.[129]

„Hält der Auftraggeber die Anordnungen des Auftraggebers für unberechtigt oder unzweckmäßig, so hat er seine Bedenken geltend zu machen, die Anordnungen jedoch auf Verlangen auszuführen, wenn nicht gesetzliche oder behördliche Bestimmungen entgegenstehen".[130] Diese Behördlichen Verstöße eindeutig festzustellen ist jedoch sehr oft problematisch.

Das hiesige Urteil deutet darauf hin, dass kündigungswillige Auftraggeber an der Klärung solcher Unsicherheiten auch selbst dann mitwirken müssen, wenn sich nachträglich die Bedenken des Unternehmers als nicht berechtigt darstellen sollten. Ein Nachschieben von Kündigungsgründen wäre in einem solchen Fall nicht möglich.

---

[129] Urteil BGH vom 10.05.2007 – VII ZR 226/05
[130] VOB/B §4 Nr.1 Abs.4, Beuth Verlag GmbH, Ausgabe 2016

4.4.6 OLG Köln Urteil vom 27.04.2001 – Schürmann-Bau

Im Dezember 1993 wurde der Schürmann-Bau kurz vor Abnahme durch eintretenes Hochwasser stark beschädigt. Daraufhin erhob die Bundesrepublik Deutschland Schadenersatzansprüche in mehreren Millionenhöhen, sowohl gegen die ausführenden Unternehmer, als auch gegen den Objektüberwacher. Die Haftung ergab sich nach Auffassung des Oberlandgerichtes Köln aus dem § 13 Nr.7 Abs.1 VOB/B aufgrund der schuldhaft verursachten Schäden infolge der mangelhaft erbrachten Leitungen. Selbst dann wenn der Einwand der Unternehmer, der mangelhafte Leistungsteil sei durch die Auftraggeberin nachträglich aus dem vertraglichen Leistungsumfang herausgenommen worden, vollständig als bewiesen anzusehen wäre, treffe dem Unternehmer trotzdem in gleichem Maße die Schuld, aufgrund der Verletzung einer ihm obliegenden Hinweispflicht und dadurch mangelhaften Kooperation.[131]

Allerdings musste die Auftraggeberin nach der Entscheidung des Oberlandesgerichtes Köln 50 % des entstandenen Schadens selbst tragen, da sie ebenfalls ihre Kooperationspflichten verletzt hatte.[132] Das Begründet das Berufungsgericht, indem es noch einmal betont, dass der Bauvertrag ein Langzeitvertrag ist und deren Vertragsstruktur sich besonders bei Großprojekten deutlich von den Handwerkerwerkverträgen mit einem punktuellen Leistungsaustausch unterscheidet. *Dadurch ergeben sich besondere Risiken für die Vertragsdurchführung. Es ist daher eine differenzierte, vertragliche Risikoverteilung zwischen den Parteien erforderlich.*[133] Eine einseitige Risikozuweisung, die sich aus den besonderen Gefahren des Projektes ergebe, sei nicht gerechtfertigt, wenn ihnen durch derartige Maßnahmen sowohl von Auftraggeber, als auch von Auftragnehmerseite vorgebeugt werden könne.[134]

Weiterhin erfordert die große Zahl der Beteiligten an einem Großprojekt deren ständige Kooperation, also ein ständiges Kommunizieren zwischen den Vertrags-

[131] Heiko Fuchs, Kooperationspflichten der Bauvertragsparteien, Band 58, Werner Verlag 2003, S.28
[132] Heiko Fuchs, Kooperationspflichten der Bauvertragsparteien, Band 58, Werner Verlag 2003, S.29
[133] OLG Köln, Urt. v. 27.04.2001, 11 U 63/00
[134] Heiko Fuchs, Kooperationspflichten der Bauvertragsparteien, Band 58, Werner Verlag 2003, S.30

partnern, das dem Informationsaustausch, der Klärung von Problemen, dem Schließen von Vertragslücken und oft auch der Beilegung von Meinungsverschiedenheiten diene. Daraus folge die Forderung nach ständiger, wechselseitiger Information und Prüfungs- und Hinweispflichten aller Beteiligten, und zwar des Auftragnehmers, ebenso wie des Auftraggebers. Die gebotene Kooperation und Kommunikation habe, was der Auftraggeberin vorzuwerfen sei, zwischen den Baubeteiligten nicht rechtzeitig stattgefunden.[135]

Der Bundesgerichtshof korrigierte in seinem Beschluss vom 05.06.2003 die Ausführungen des OLG Köln zur Verletzung der Kooperationspflichten seitens der Auftraggeberin. Er sah viel mehr das Verschulden der Auftraggeberin durch die fehlende Mitwirkung durch die mangelhafte planerische Verdeutlichung der Funktion der Konsole, die für das Hochwasserschutzkonzept unabdingbar gewesen war. Er deutete darauf hin, dass Details der Ausführung im Einzelnen geplant und dem Auftragnehmer in einer jedes Risiko ausschließenden Weise verdeutlicht werden müssen, wenn sie besonders schadensträchtig seien.[136]

4.4.7 OLG Düsseldorf Urteil vom 07.06.2000 – Rechte und Pflichten der Vertragsparteien eines Bauvertrages

Leitsätze: **BGB § 631 § 649 § 242**

Hierbei handelt es sich um ein fast einzigartiges und daher besonders bemerkenswertes Urteil. Dies zeichnet sich dadurch aus, dass das Gericht bei der Urteilsbegründung darauf hingewiesen hatte, es gebe nicht nur im VOB/B-Werkvertrag eine Kooperationsverpflichtung, sondern auch in einem BGB-Werkvertrag.

---

[135] Heiko Fuchs, Kooperationspflichten der Bauvertragsparteien, Band 58, Werner Verlag 2003, S.30
[136] Heiko Fuchs, Kooperationspflichten der Bauvertragsparteien, Band 58, Werner Verlag 2003, S.31

Die beiden Streitparteien vereinbarten einen vertraglichen Schadenersatzanspruch, der dann geltend gemacht werden könnte, sofern der Auftragnehmer den Baubeginn schuldhaft verzögert. Es handelte sich dabei um Zimmererarbeiten an Mehrfamilienhäusern der Beklagten. Die vereinbarte Vorlaufzeit für den Baubeginn wurde auf 14 Tage festgelegt.

Aufgrund der gestörten Bauabläufe infolge der Verzögerungen, bzw. nicht termingerechten Fertigstellungen der Vorarbeiten, wurde die geschuldete Leistung seitens der Beklagten mehrfach abgerufen. Bei ihrem letzten Leistungsabruf hatte die Beklagte die vereinbarte Vorlauffrist von 14 Tagen nicht mehr eingehalten. Die Klägerin wies daraufhin die Beklagte darauf hin und begründete damit warum sie die kurzfristigen Baubeginnfristen nicht einhalten kann. Nach einer Nachfristsetzung mit Ablehnungsandrohung hatte schließlich die Beklagte den Vertrag gekündigt.

Der Auftragnehmer klagte anschließend auf Werklohn und verlangte die vereinbarte Vergütung nach § 649 BGB. Die Klage hatte sowohl vor dem LG, als auch vor dem OLG Düsseldorf Erfolg! Die gegenteiligen Schadensersatzansprüche der Beklagten wurden zurückgewiesen mit der Begründung, sie habe ihre Pflicht zu Kooperation verletzt.

Bedauerlicherweise bleibt es jedoch völlig offen, woran das OLG Düsseldorf seine Entscheidung zum Kooperationsprinzip festgemacht hatte, denn das BGB Werkvertragsrecht sieht lediglich rudimentäre und keinesfalls ausreichend ausformulierte Pflichten, welche die Kooperation der Bauvertragsparteien begründen würden vor.[137]

---

[137] Michael Frahm, Kooperationspflichten im Bauvertrag, Akademiker Verlag 2016, S.41

5 Neues BGB Werkvertragsrecht seit 01.01.2018

„Alles Neue ist meistens das in Vergessenheit geratene Alte“

Ein russisches Sprichwort

5.1 Überblick der geänderten Gesetze

Auch wenn diese Tatsache aufgrund des Themas dieser Arbeit nicht im Vordergrund steht, soll dennoch an der Stelle erwähnt werden, dass die im Jahr 2017 beschlossenen Änderungen, die mit dieser Reform am 01.01.2018 in Kraft getreten sind, sich nicht nur auf den Titel 9 des Buches 2 BGB – Werkvertrag und ähnliche Verträge beschränkt haben. Überarbeitet wurden auch das Buch 1 in dem § 218, das Buch 2 - Recht der Schuldverhältnisse in den §§ 309, 312, 356e, 357d, Buch 2, Abschnitt 8 – Einzelne Schuldverhältnisse im Titel 1 - Kauf, Tausch in den §§ 439, 440, 445a, 445b, 474, 475, 478 und 479 des BGB, sowie der Einführungsgesetze zum Bürgerlichen Gesetzbuch (EGBGB) in den Artikeln 229, 244, 249 und dem Gerichtsverfahrungsgesetz (GVG) in den §§ 71, 72, 72a, 119a. [138]

In den nachfolgenden Absätzen wird sodann verstärkt auf die erfolgten Änderungen im Bauwerkvertragsrecht eingegangen. Dabei soll nicht außer Acht gelassen werden, dass das Werkvertragsrecht nicht nur lediglich in ihren bestehenden Paragrafen überarbeitet wurde. Der Gesetzgeber brachte eine Reihe von neuen Regelungen heraus, die sich in den Kapiteln 3 und 4 des Untertitels 1 – Werkvertrag und in den neu erschaffenen Untertiteln 2 – Architektenvertrag und Ingenieurvertrag und Untertitel 3 – Bauträgervertrag widerspiegeln.

[138] Werner Langen, Andreas Berger, Barbara Dauner-Lieb, Kommentar zum neuen Bauvertragsrecht, Werner Verlag 2018, S. IX - XI

Daraus sollten später jedoch nur die kooperationsrelevanten Paragrafen ausgewählt und deren Änderungen ausführlicher untersucht werden. Eine vollständige Darstellung der neuen Reform würde den Rahmen dieser Arbeit sprengen und das ausgewählte Thema zerstreuen.

5.2 Neues BGB Buch 2, Titel 9, Untertitel 1, Kapitel 1

5.2.1 § 632a Abschlagszahlungen

Der Gesetzgeber folgt mit der Neufassung des § 632a der Empfehlung des 3. Baugerichtstages von 2010 und ändert diese dahingehend, dass der Unternehmer nun die Abschlagszahlungen in Höhe des anteiligen (Vertrags-) Wertes der erbrachten Teilleistungen verlangen kann. Seine Vorleistungspflicht, wonach die Vergütung erst mit der Abnahme des Werkes fällig wird, obwohl dem Unternehmer während der Herstellung des Bauvorhabens erhebliche Kosten entstehen, sollte dadurch abgemildert werden und ihn wirtschaftlich entlasten. Die neue Formulierung verbindet die tatsächliche Leistungserbringung des Unternehmers im Bauvorhaben mit der vertraglichen Vereinbarung über den zu erbringenden Werkerfolg. Das Ziel dabei ist die bisherigen Auseinandersetzungen über die Berechnung der Abschlagszahlungen und des Wertzuwachses, der meistens schwer zu ermitteln ist, zu vermeiden[139].

Weiterhin verzichtet der Gesetzgeber auf das Wesentlichkeitskriterium eines Mangels in Hinblick auf das Recht des Bestellers die Abschlagszahlungen zu verweigern und erleichtert damit die Abrechnungsmodalitäten in der Praxis. Ausgeschlossen war bis jetzt die Verweigerung unter der Bezugnahme auf unwesentliche Mängel. Dementsprechend wurde in der Praxis oft diskutiert, ob ein wesentlicher oder unwesentlicher Mangel vorliegt. Der Besteller darf nun unabhängig von dem Höhengrad eines Mangels, einen angemessenen Einbehaltungs-

[139] Werner Langen, Andreas Berger, Barbara Dauner-Lieb, Kommentar zum neuen Bauvertragsrecht, Werner Verlag 2018, S. 55

betrag, welcher in der Regel auf das Doppelte der erforderlichen Mangelbeseitigungskosten zu werten ist, zurückhalten.[140]

Dabei wies der Bundesrat in seinem Gesetzgebungsverfahren während des 3. Baugerichtstages im Jahr 2010 auf folgendes Problem hin:

"Nach § 632a Absatz 1 BGB-E kann der Besteller letztlich allein mit der Behauptung, die erbrachten Leistungen seien nicht vertragsgemäß, die Zahlung eines angemessenen Teiles des Abschlages verweigern. Da den Unternehmer gemäß § 632a Absatz 1 Satz 3 BGB-E die Beweislast für die vertragsgemäße Leistung trifft, bliebe ihm im Konfliktfall letztlich nur der Klageweg um seinen Anspruch auf Abschlagszahlungen des Bestellers gegebenenfalls durchzusetzen. Um zu verhindern, dass der Besteller ohne weiteren substantiierten Vortrag die Abschlagszahlung verweigern oder reduzieren kann, bietet sich ein Rückgriff auf den in § 650f Absatz 1 BGB-E enthaltenen Rechtsgedanken an, wonach der Besteller zumindest verpflichtet sein soll gemeinsam mit dem Unternehmer eine Zustandsfeststellung durchzuführen. Dies würde beiden Parteien auch eine Möglichkeit bieten anlässlich der gemeinsamen Zustandsfeststellung noch zu einer einvernehmlichen Lösung zu gelangen und damit unnötige Rechtsstreitigkeiten zu vermeiden."[141]

Bedauerlicherweise hatte die Bundesregierung die Ansicht, dass eine Übertragung der Zustandsfeststellung auf diese Problematik weder möglich, noch notwendig wäre, da dem Besteller lediglich nur das Recht zur Einbehaltung eines angemessenen Teils der Vergütung zusteht. Demnach wären der aus der gemeinsamen Zustandsfeststellung resultierende Aufwand und die etwaigen Kosten lediglich bei einem Streit um die Abnahme angemessen.[142]

---

[140] Werner Langen, Andreas Berger, Barbara Dauner-Lieb, Kommentar zum neuen Bauvertragsrecht, Werner Verlag 2018, S. 58
[141] BT-Drucks. 18/8486 S.84
[142] Werner Langen, Andreas Berger, Barbara Dauner-Lieb, Kommentar zum neuen Bauvertragsrecht, Werner Verlag 2018, S. 58

Diese Meinung vertritt der Verfasser nicht. Nach mehrjähriger Berufserfahrung als Bauleiter kann der Verfasser eine gemeinsame Zustandsfeststellung entgegen der Auffassung von der Bundesregierung sehr wohl als ein probates Mittel für eine einvernehmliche Lösung bezeichnen. Die Vertragspartner, die sich während der Vertragserfüllungsphase, sowieso meistens jeden Tag auf der Baustelle treffen, können so eine gemeinsame Begehung schnell, unkompliziert und meistens auch spontan durchführen. Der Aufwand und die Kosten würden sich in Hinblick auf die Vermeidung der unnötigen Rechtsstreitigkeiten auf jeden Fall lohnen.

Letztendlich hatte leider die Anregung des Bundesrates in die in Kraft tretende Fassung vom 01.01.2018 keinen Eingang gefunden. Somit würde dem Unternehmer im Streitfäll tatsächlich nur der Klageweg bleiben.[143] Andererseits bleibt für die Vertragsparteien aufgrund der Tatsache, dass der § 632a BGB grundsätzlich dispositiv ist,[144] abschließend immer noch die Möglichkeit abweichende Vereinbarungen zu treffen und dadurch die Kooperation miteinander zu fördern.

5.2.2 § 640 Abnahme

Die Änderung dieser Paragrafen zielt auch auf eine Verstärkung der Rechtsposition des Unternehmers, womit er die Abnahme schneller bewirken kann und damit auch seine Werklohnansprüche und schließlich dann die Zahlung. Der Gesetzgeber bezweckte mit dem neu verfassten Absatz 2 die Möglichkeit einer fiktiven Abnahme effektiver auszugestalten, um einer missbräuchlichen Verweigerung der Abnahme entgegenzuwirken. Also tritt die Fiktion der Abnahme bereits dann ein, wenn der Besteller sich entweder gar nicht zu dem Abnahmeverlangen äußert, oder sie ohne Benennung von Mängeln verweigert. Dieses Schweigen oder Nicht-

[143] Werner Langen, Andreas Berger, Barbara Dauner-Lieb, Kommentar zum neuen Bauvertragsrecht, Werner Verlag 2018, S. 53
[144] Werner Langen, Andreas Berger, Barbara Dauner-Lieb, Kommentar zum neuen Bauvertragsrecht, Werner Verlag 2018, S. 60

benennen führt sodann auch zu einer fiktiven Abnahme, wenn sogar wesentliche Mängel in der Tat vorhanden sind.[145]

Die Hauptmitwirkungspflicht des Auftraggebers und damit auch seine Kooperationspflicht werden dadurch deutlich in den Vordergrund gestellt. Die Verletzung dieser kann zu erheblichen Nachteilen führen, denn wenn auch hinsichtlich der Mitwirkung des Bestellers gemäß § 642 BGB immer noch dahingehend Uneinigkeit besteht, ob es sich dabei um eine Pflicht oder Obliegenheit handelt, gibt es in der Fachwelt bezüglich der Abnahme bereits einen einheitlichen Meinungsstand, dass dies eindeutig eine Pflicht ist.[146]

5.2.3 § 650g Zustandsfeststellung bei Verweigerung der Abnahme, Schlussrechnung

Verweigert der Besteller die Abnahme aktiv und auch unter der Angabe von mindestens einem Mangel, soll dann auf Verlangen des Unternehmers eine gemeinsame Zustandsfeststellung durchgeführt werden. Somit hat der Besteller die Obliegenheit bei der gemeinsamen Feststellung mitzuwirken, um einem späteren Streit über den Zustand des Werkes, insbesondere wenn der Besteller das Werk ohne vorherige Abnahme in Benutzung genommen hat, vorzubeugen. Solch eine Verpflichtung war bislang im BGB nicht vorgesehen und wurde mit der Reform neu in das BGB eingeführt. Allerdings finden sich auch ähnliche Regelungen bereits in der VOB/B in § 4 Abs. 10 und in § 8 Abs. 7. Das BGB konkretisiert jedoch nicht entgegen der vorgenannten Regelung gem. § 4 Abs. 10 VOB/B den Inhalt der Zustandsfeststellung und beschränkt sie nicht nur auf die bestimmten Teile der Leistung.

---

[145] Werner Langen, Andreas Berger, Barbara Dauner-Lieb, Kommentar zum neuen Bauvertragsrecht, Werner Verlag 2018, S. 64
[146] Werner Langen, Andreas Berger, Barbara Dauner-Lieb, Kommentar zum neuen Bauvertragsrecht, Werner Verlag 2018, S. 65

Wie verpflichtend dieses Kooperationsgebot ist, zeichnet sich deutlich in dem zweiten Absatz ab. Hier werden etwaige Konsequenzen geregelt, falls der Besteller schuldhaft der gemeinsamen Zustandsfeststellung fernbleibt. Der Unternehmer darf sodann unter der Voraussetzung einer angemessen Fristsetzung eine einseitige Zustandsfeststellung vornehmen. Jedoch ist der Unternehmer zu einer solchen einseitigen Feststellung nicht berechtigt, falls der Auftraggeber infolge eines Umstandes fernbleibt, den er nicht zu vertreten hat und den er dem Unternehmer unverzüglich angezeigt hat.

Die Parteien müssen hier in vielerlei Hinsicht miteinander kooperieren. Zunächst bedarf das Verlangen des Unternehmers einer angemessenen Fristsetzung. Hier kann z. B. der § 12 Abs. 1 VOB/B als Richtwert herangezogen werden, wonach die Abnahme der Leistungen innerhalb einer Frist von 12 Werktagen durchzuführen ist.[147] Andererseits könnte die Angemessenheit von dem Umfang und der Größe des Bauvorhabens abhängig gemacht und die Fristen dementsprechend entweder verkürzt oder verlängert werden. In fachlicher Hinsicht ist der Unternehmer an dieser Stelle gut beraten, die entsprechende Aufforderung und besonders den Zugangsnachweis richtig zu dokumentieren. Denn sonst wird er sich in der Praxis sicherlich den Vorwurf gefallen lassen müssen, die einseitige Zustandsfeststellung rechtsmissbräuchlich herbeigeführt zu haben.[148]

Weiterhin dürfen keine Umstände vorliegen aufgrund derer der Besteller an der gemeinsamen Feststellung nicht teilnimmt und die er nicht zu vertreten hat. Aber auch in diesem Fall reicht es für den Besteller nicht aus, dass lediglich ein Hinderungsgrund vorliegt, den er nicht zu vertreten hat, sondern er muss vielmehr im Sinne der bauvertraglichen Kooperation den Unternehmer hierüber auch unverzüglich in Kenntnis setzen.[149]

---

[147] Werner Langen, Andreas Berger, Barbara Dauner-Lieb, Kommentar zum neuen Bauvertragsrecht, Werner Verlag 2018, S. 260
[148] Werner Langen, Andreas Berger, Barbara Dauner-Lieb, Kommentar zum neuen Bauvertragsrecht, Werner Verlag 2018, S. 260
[149] Werner Langen, Andreas Berger, Barbara Dauner-Lieb, Kommentar zum neuen Bauvertragsrecht, Werner Verlag 2018, S. 261

Schließlich ist auch der Unternehmer im Falle einer einseitigen Zustandsfeststellung dazu verpflichtet, dem Besteller eine Abschrift des Begehungsprotokolls zur Verfügung zu stellen, damit dieser die Gelegenheit bekommt die Feststellungen zu überprüfen und hierzu Stellung zu nehmen.[150]

In der Praxis wird es aber auch des Öfteren vorkommen, dass sich die Parteien über die Qualität, bzw. bezüglich der Mangelfreiheit der festgestellten Leistung nicht einigen werden. Dies wird in dem § 650g BGB auch nicht vorausgesetzt, sondern nur eine rein objektive Feststellung der augenscheinlich erkennbaren Leistungen. Demnach können die strittigen Feststellungen auch offen bleiben, sollten aber im Protokoll zusätzlich als solche gekennzeichnet werden.

Ebenso interessant ist auch die Erwägung, der Unternehmer könnte trotz Teilnahme des Bestellers eine einseitige Zustandsfeststellung vornehmen. Dies wird wie folgt begründet: Der Besteller könnte sich rechtsmissbräuchlich verhalten, indem er sich zwar vor Ort einfindet, in inhaltlicher Sicht jedoch eine Zustandsfeststellung verweigert und somit die Ansprüche des Unternehmers ins Leere laufen lässt. Dem Verhalten könnte dadurch entgegengewirkt werden, indem der Unternehmer in einem solchen Fall die Rechte bekommt weiter analog dem § 650g Abs.2 BGB zu verfahren.

Dem ist jedoch eindeutig zu widersprechen. Einerseits verbietet der Wortlaut des Abs. 2 bereits eine Analogie, indem er klar voraussetzt, dass der Besteller seinen vertraglichen Kooperationspflichten nicht nachkommt, d. h. an der gemeinsamen Begehung überhaupt nicht teilnimmt, andererseits würde so eine Auslegung den Unternehmer einseitig begünstigen und in die Lage versetzen eine Zustandsfeststellung vollumfänglich einseitig zu diktieren. Das würde aber gerade dem Kooperationsgedanken des Gesetzes widersprechen. Der Gesetzgeber verweist in diesem Fall auf die Möglichkeit des selbstständigen Beweisverfahrens.[151]

---

[150] Werner Langen, Andreas Berger, Barbara Dauner-Lieb, Kommentar zum neuen Bauvertragsrecht, Werner Verlag 2018, S. 261

[151] Werner Langen, Andreas Berger, Barbara Dauner-Lieb, Kommentar zum neuen Bauvertragsrecht, Werner Verlag 2018, S. 261, 262

Auch neu im BGB ist die Voraussetzung, dass für eine Fälligkeit der Vergütung u. a. eine prüffähige Schlussrechnung erteilt werden muss. Ferner wird konkretisiert was sich der Gesetzgeber unter dem Begriff „prüffähige Schlussrechnung" vorstellt. Diese Legaldefinition weicht deutlich von dem § 14 Abs. 1 VOB/B ab. Im Gegensatz dazu ist es für den Auftragnehmer nicht mehr notwendig die Reihenfolge der Posten einzuhalten und die in den Vertragsbestandteilen enthaltenen Bezeichnungen zu verwenden. Vor allem muss der Unternehmer nicht mehr die zum Nachweis von Art und Umfang der Leistung erforderlichen Mengenberechnungen, Zeichnungen und anderen Belege der Rechnung beifügen. Hier reicht eine übersichtliche Aufstellung der erbrachten Leistungen aus, die für den Besteller nachvollziehbar sein muss.

Dabei ist es wichtig, dass der Besteller immer zwischen seinen Einwänden in Bezug auf die Prüffähigkeit und die inhaltliche Richtigkeit unterscheidet, denn für die Fälligkeit der Werklohnforderung, sowie die Ansprüche auf Verzugszinsen ist es maßgeblich, dass die Rechnung nicht inhaltlich richtig, sondern prüffähig ist. Einwände gegen die Prüffähigkeit kann der Auftraggeber auch innerhalb einer Frist von 30 Tagen erheben. Nach Ablauf dieser Frist sind die Einwendungen nicht mehr zulässig und stehen der Fälligkeit der Werklohnforderungen selbst bei einer tatsächlich nicht prüffähigen und schon gar nicht bei einer inhaltlich falschen Schlussrechnung nicht entgegen. Somit wird der Bauherr dazu veranlasst, sich zeitnah nach Zugang der Schlussrechnung damit zu befassen um den Verlust etwaiger Einwendungen zu verhindern.[152]

Als Prüfungsmaßstab für die Anforderungen an die Prüffähigkeit der Schlussrechnung gelten die Informations- und Kontrollinteressen des Bestellers.[153] Allerdings sind auf jeden Fall auch die Fachkenntnisse und Fähigkeiten dessen und der von ihm beauftragten Hilfspersonen zu berücksichtigen.[154] Bei einem fachkundigen

[152] Werner Langen, Andreas Berger, Barbara Dauner-Lieb, Kommentar zum neuen Bauvertragsrecht, Werner Verlag 2018, S. 270
[153] Werner Langen, Andreas Berger, Barbara Dauner-Lieb, Kommentar zum neuen Bauvertragsrecht, Werner Verlag 2018, S. 268
[154] Urteil BGH vom 26.10.2000 – VII ZR 99/99

Bauherrn, insbesondere aber bei einem Besteller, welcher sich eines Fachmannes zur Prüfung der Schlussrechnung bedient, ist ein entsprechendes Abrechnungsverständnis zu Grunde zu legen.[155]

Die in der Praxis häufig lapidaren Einwendungen gegen die Prüffähigkeit einer Schlussrechnung sollen durch diese Regelung eingedämpft werden und die Bereitschaft, sich mit der Forderung gegebenenfalls auch mit der Hilfe und Mitwirkung des Unternehmers sachlich auseinanderzusetzen, gefördert. Somit haben beide Seiten Interesse miteinander zu kooperieren.

5.2.4 § 648a Kündigung aus wichtigem Grund

Auch dieser Paragraf erfordert ähnlich wie § 650 g Abs. 1 eine Mitwirkung des Bestellers. Selbst nach der Kündigung und wenn der Vertrag eigentlich schon beendet ist, müssen die Parteien miteinander kooperieren und gemeinsam eine Feststellung des Leistungszustandes vornehmen. Die Konsequenzen infolge einer Verweigerung der Kooperation, aber auch die Voraussetzungen für eine dementsprechende Beweislastübertragung für den Leistungszustand zum Zeitpunkt der Kündigung, sind dem § 650g BGB ähnlich.
Die Kündigung an sich ist erst dann möglich, wenn dem kündigenden Teil die Fortsetzung des Vertragsverhältnisses bis zur Fertigstellung des Werkes unter der Abwägung der beiderseitigen Interessen und Berücksichtigung aller Umstände des Einzelfalles, nicht zumutbar ist. Der Gesetzgeber zwingt somit die Vertragsparteien sich mit dem Kooperationsgedanken auseinanderzusetzen und erst die Voraussetzungen zu prüfen, bevor sie diese einseitige Willenserklärung anschließend abgeben.

[155] Werner Langen, Andreas Berger, Barbara Dauner-Lieb, Kommentar zum neuen Bauvertragsrecht, Werner Verlag 2018, S. 268

5.2.5 § 650b Änderung des Vertrages; Anordnungsrecht des Bestellers

Das Prinzip des Werkvertragsrechts im BGB ist konsensual geprägt. Das heißt der Vertragsinhalt kann durch die Parteien, ausgenommen es liegt eine Vertragskündigung vor, nur im Einvernehmen der Vertragspartner geändert werden. Problematisch ist in dem Zusammenhang die Tatsache, dass der Auftraggeber nach Vertragsschluss noch bis zum 31.12.2017 keine Möglichkeit hatte, seine Fehler in der Leistungsbeschreibung zu korrigieren.

Aus der Pflicht des Auftragnehmers, wonach er selbst bei einer fehlerhaften Leistungsbeschreibung des Werkvertrages immer noch ein mangelfreies und funktionstaugliches Werk herstellen muss, wird aus den Grundsätzen des § 242 BGB Leistung nach Treu und Glauben nun auch das Recht des Bestellers, seine fehlerhafte Planung durch entsprechende einseitige Anordnungen zu korrigieren.[156] Weiterhin bleibt es den Parteien offen, im Rahmen ihrer Kooperation eine einvernehmliche Lösung, sei es über den Vertragsinhalt oder eine Vergütungsänderung, herbeizuführen. Das BGB macht hier keinen Unterschied, ob das anzustrebende Einvernehmen sich auf den vereinbarten Werkerfolg, eine geänderte Nutzung oder die Konstruktion bezieht. Die Motivation des Bestellers für sein Änderungsbegehren ist an der Stelle unerheblich.[157]

Wichtig ist dabei zu erwähnen, dass der Besteller sich hieraus keine Rechte hinsichtlich der Veränderung von Bauumständen und insbesondere der vereinbarten Ausführungsfristen herleiten kann.[158] Solche Änderungsrechte sind weder vom § 650 b Abs. 1 BGB und folglich auch nicht von Abs. 2 BGB erfasst. In dem Abschlussbericht der Arbeitsgruppe Bauvertragsrecht vom 18. Juni 2013 findet man hierzu noch folgende Formulierung:

---

[156] Werner Langen, Andreas Berger, Barbara Dauner-Lieb, Kommentar zum neuen Bauvertragsrecht, Werner Verlag 2018, S. 146

[157] Werner Langen, Andreas Berger, Barbara Dauner-Lieb, Kommentar zum neuen Bauvertragsrecht, Werner Verlag 2018, S. 150

[158] Werner Langen, Andreas Berger, Barbara Dauner-Lieb, Kommentar zum neuen Bauvertragsrecht, Werner Verlag 2018, S. 153

„Anordnungen des Bestellers, die die Art der Ausführung der Bauleistung und die Bauzeit betreffen, sollen nur unter äußerst engen Voraussetzungen möglich sein, da es sich hierbei um besonders tiefe Eingriffe in die unternehmerische Freiheit handelt. Für derartige Anordnungen müssen schwerwiegende Gründe vorliegen und bei der Abwägung der beiderseitigen Interessen müssen die Interessen des Bestellers an der Anordnung deutlich überwiegen." [159]

Somit bleibt es hinsichtlich der Problematik bei den alten, allgemeinen Regelungen, wonach für die Änderung der Bauumstände ein vollständiges Einvernehmen vorausgesetzt wird und dazu weder ein Einigungsgebot, noch ein einseitiges Recht des Bestellers für den Fall des Scheiterns existiert. [160]

Nichtdestotrotz stellt der Gesetzgeber u.a. in seiner Gesetzesbegründung unmissverständlich klar, dass die Kooperationspflicht der Parteien nicht nur einen empfehlenswerten Charakter trägt und lediglich ein wohlgemeinter Rat ist. [161]

Das einseitige Anordnungsrecht des Auftraggebers hängt vielmehr von einem (ernsthaften) Einigungsversuch der Vertragspartner ab. Der Unternehmer **muss** bei einem Änderungsbegehren des Auftraggebers ein entsprechendes Angebot vorlegen.

Der Besteller **muss** sodann das vorgelegte Angebot prüfen und in die Verhandlung treten. Er darf nicht das Angebot des Unternehmers zur Seite legen und lediglich den Ablauf der 30-tägigen Frist abwarten um eine einseitige Anordnung zu generieren. [162]

---

[159] Abschlussbericht der Arbeitsgruppe Bauvertragsrecht v.18.Juni 2013, AZ 3430/25-11-470/2003, S.24
[160] Werner Langen, Andreas Berger, Barbara Dauner-Lieb, Kommentar zum neuen Bauvertragsrecht, Werner Verlag 2018, S. 154
[161] Werner Langen, Andreas Berger, Barbara Dauner-Lieb, Kommentar zum neuen Bauvertragsrecht, Werner Verlag 2018, S. 155
[162] Werner Langen, Andreas Berger, Barbara Dauner-Lieb, Kommentar zum neuen Bauvertragsrecht, Werner Verlag 2018, S. 155

5.3 Zusammenfassung

Die gesetzliche Veränderung der neuen Reform des Bauvertragsrechtes ist letztendlich als eine Kodifizierung der Kooperationspflicht der Vertragsparteien anzusehen. Dies ist auch eine logische Folge der vorhergehenden Rechtsprechung, die seit Ende der neunziger Jahre die Richtung der Kooperationspflicht vorgibt.

Nach herrschender Literaturmeinung und Kommentaren zum neuen Bauvertragsrecht kann die Verletzung der Kooperationspflicht unter Umständen auch dann zu Schadensersatzansprüchen führen, wenn der Nachweis über den für den Vertragspartner entstandenen Schaden sehr schwierig ist.

Konkret wäre jedoch z. B. vorstellbar, dass der Unternehmer die einseitige Anordnung des Bestellers durch den Einwand der unzulässigen Rechtsausübung für unbeachtlich erklärt, falls der Besteller nicht in Verhandlung tritt, sondern lediglich die 30-tägige Frist abwartet.[163]

[163] Werner Langen, Andreas Berger, Barbara Dauner-Lieb, Kommentar zum neuen Bauvertragsrecht, Werner Verlag 2018, S. 155

6 Kooperation durch Streitschlichtung

„Nicht die Tatsachen selbst machen uns das Leben schwer,
sondern unsere Bewertung dieser Tatsachen.“

Epiktet

6.1 Sinnhaftigkeit einer Schlichtung

Wie die vorherigen Kapitel gezeigt haben, kann ein Rechtsstreit nicht nur Jahre dauern und damit sowohl Auftraggeber, als auch Auftragnehmer an ihre finanzielle Existenzgrenze bringen, sondern kann auch das Ende der Baumaßnahme bedeuten. Sobald ein ordentlicher Rechtsweg eingeschlagen wird, führt dies in der Regel zum Stillstand der Baustelle. Eine erst viel später folgende Gerichtsentscheidung, falls diese hierzu getroffen werden kann, kann den bereits entstandenen Schaden nicht mehr rekompensieren. Meistens ist die Entscheidung auch nicht eindeutig genug, sodass sie für die Zukunft klare Verhältnisse schafft und für beide Parteien richtungsweisend wirkt. Somit steht der eingetretene Schaden zu der danach folgenden Rechtsprechung nicht im Verhältnis.

Angesichts dessen muss eine echte Alternative geschaffen werden, die zwar die Meinungsverschiedenheiten der Vertragsparteien klärt, gleichzeitig jedoch nicht den Baufortschritt gefährdet.

Da in der Praxis diesbezüglich mittlerweile mehrere Begrifflichkeiten existieren, die wahllos durcheinander verwendet werden, sollen nachfolgend zunächst die Grundbegriffe der Schlichtung erläutert werden.

6.2 Abgrenzung der Begrifflichkeiten

Wie bereits ausgeführt, existieren derzeit in der Praxis mehrere Begriffe, die in Verbindung zu alternativen Streitbeilegungen wahllos durcheinander verwendet werden. Dazu gehören zum Beispiel Begriffe wie *„Schlichtung"*, *„Mediation"*, *„Arbitration"* oder *„Adjudikation"*.

Alle genannten Begriffe haben jedoch sehr wohl eine Gemeinsamkeit, denn es handelt sich bei allen um Verfahren zur alternativen Streitbeilegung. Diese haben gemein, dass sie eine Einigung außerhalb der staatlichen Gerichtbarkeiten mithilfe eines neutralen Dritten anstreben.[164] Sie werden alle als *Alternative Dispute Resolution (ADR)* bezeichnet. Der Oberbegriff ADR setzt sich aus vier Unterbegriffen zusammen:

- **Schiedsgerichtsbarkeit**
- **Schiedsgutachten**
- **Mediation**
- **Schlichtung**

Sowie im englischsprachigen Raum aus weiteren schlichtungsähnlichen Verfahren, wie zum Beispiel:

- **Evaluative Mediation**
- **Non-binding Arbitration**
- **Early Neutral Evaluation**
- **Adjudication**

Diese werden sodann wie folgt definiert[165]:

Schiedsgerichtbarkeit – hierbei handelt es sich um ein Verfahren vor einem nichtstaatlichen Gericht. Geregelt ist das Verfahren in §§ 1025 ff. ZPO. Das Verfahren

---

[164] Andreas May, Senta May, Nils Goltermann, Schlichtung in der wirtschaftsrechtlichen Praxis, Wolfgang Metzner Verlag 2018, S. 9
[165] Andreas May, Senta May, Nils Goltermann, Schlichtung in der wirtschaftsrechtlichen Praxis, Wolfgang Metzner Verlag 2018, S. 10 bis 24

verläuft nicht öffentlich, die Unterwerfung unter das Schiedsgericht erfolgt freiwillig, jedoch wird hier eine rechtsverbindliche Entscheidung getroffen, die die Wirkung eines rechtskräftigen Urteils nach § 1055 ZPO hat. Ein sogenannter Schiedsspruch. Somit ist hier ein weiterer Rechtsweg ausgeschlossen.

Schiedsgutachten – anders als bei dem Schiedsgerichtsverfahren beschränkt sich das Schiedsgutachtenverfahren lediglich auf die Klärung von Teilfragen und hat nicht die Aufgabe den Rechtsstreit als Ganzes zu entscheiden. Die dabei getroffene Entscheidung wird nach § 317 BGB als Bestimmung der Leistung durch Dritte qualifiziert. Die dabei getroffene Entscheidung hat eine bindende Wirkung, ähnlich wie bei der Schiedsgerichtsbarkeit auch.

Mediation – ist nach § 1 Abs. 1 MediationsG ein vertrauliches und strukturiertes Verfahren, bei dem Parteien mithilfe eines oder mehrerer Mediatoren freiwillig und eigenverantwortlich eine einvernehmliche Beilegung ihres Konfliktes anstreben. Dabei wird der Mediator als unabhängige und neutrale Person ohne Entscheidungsbefugnis, die die Parteien durch Mediation führt, beschrieben. Der zentrale Bestandteil des Verfahrens ist das Herstellen eines Konsenses. Die Parteien erarbeiten bei Mediation weitgehend selbstständig eine Lösung. Der Mediator fördert zwar eine produktive Kommunikation, seine Tätigkeit beschränkt sich jedoch nur auf eine Unterstützung bei der Lösungsfindung und Optimierung des Verhandlungsprozesses. Er unterbreitet jedoch keinen Einigungsvorschlag. Dies erfordert einen erhöhten Grad an Eigenverantwortlichkeit der Parteien.

Schlichtung – zunächst ist es hier wichtig zwischen *Schlichtung pur und Schlichtung plus* zu unterscheiden. Während *Schlichtung pur* daraufhin zielt möglichst schnell einen konkreten Einigungsvorschlag durch einen neutralen Dritten zu erreichen, ohne tiefgehende Erforschung der Konfliktgründe oder Parteiinteressen, geht es bei der *Schlichtung plus* darum, der Konfliktursache auf den Grund zu gehen bevor es zu einem Lösungsvorschlag kommt.

Der entscheidende Unterschied zu Mediation liegt dabei darin, dass der Schlichter einen unverbindlichen Einigungsvorschlag unterbreitet und der Mediator die Lösungsfindung den Parteien überlässt.

Somit ist

die Schlichtung ein Verfahren, in dem die Parteien mit Hilfe eines neutralen Dritten eine gütliche Einigung anstreben und die konkrete Möglichkeit eines nicht bindenden Einigungsvorschlages durch den Dritten vorgesehen ist.[166]

Die

Schlichtung plus ist ein mediationsähnliches, vertrauliches und strukturiertes Verfahren, in dem die Parteien mit Hilfe eines neutralen Dritten eine gütliche Einigung anstreben und die konkrete Möglichkeit eines nicht bindenden Einigungsvorschlages durch den Dritten vorgesehen ist. [167]

Weiterhin werden die Begriffe definiert, die bei schlichtungsähnlichen Verfahren im englischsprachigen Raum verwendet werden:

Evaluative Mediation – hat eine große Ähnlichkeit mit der Schlichtung. Hierbei handelt es sich nicht um ein eigenständiges Verfahren, sondern um eine Variante der Mediation. Dabei bringt sich der Mediator aktiv in das Verfahren ein. Er bewertet z. B. die Erfolgsaussichten der Parteien für den Fall eines Gerichtsverfahrens und macht häufig sogar auch einen Lösungsvorschlag. Der Begriff *Evaluative Mediation* ist vor allem in den USA geläufig.

Non-binding Arbitration – dieses Verfahren ist dadurch gekennzeichnet, dass die Parteien ihre Positionen einem gemeinsam ausgewählten, neutralen Schiedsrichter präsentieren und er eine Einschätzung über ein faires Ereignis abgibt. Diese trägt lediglich einen beratenden Charakter.

---

[166]Andreas May, Senta May, Nils Goltermann, Schlichtung in der wirtschaftsrechtlichen Praxis, Wolfgang Metzner Verlag 2018, S.13

[167]Andreas May, Senta May, Nils Goltermann, Schlichtung in der wirtschaftsrechtlichen Praxis, Wolfgang Metzner Verlag 2018, S.14

Es bestehen zwar durchaus Gemeinsamkeiten mit dem klassischen Schiedsgerichtsverfahren, der Prozess ist jedoch ein formeller.

Early Neutral Evaluation – hierbei nimmt ein Dritter in einem früheren Konfliktstadium eine neutrale Bewertung vor. Das Verfahren ist so aufgebaut, dass sich der Dritte zunächst mit den Parteien und deren Anwälten trifft und die Sachlage erkundigt. Danach zieht er sich zurück und nimmt eine rechtliche Bewertung vor. Bevor er diese den Parteien mitteilt, bietet er ihnen an, selbstständig einen Vergleich zu schließen. Falls dies misslingt, spricht der Dritte eine Empfehlung aus, wie ein Gerichtsverfahren möglichst effizient durchzuführen ist. Dadurch, dass die Parteien ihre Erfolgsaussichten meistens überschätzen, ist das Hauptziel des Verfahrens, die Kosten und Ressourcen zu schonen.

Adjudication – dieses Verfahren wurde in Großbritannien als zwingendes außergerichtliches Streitbeilegungsinstrument für Bauverträge entwickelt. Dabei wird durch einen Dritten eine Entscheidung getroffen, die vorläufig bindend ist. Dies ermöglicht den Parteien während eines laufenden Bauprojektes notwendige Entscheidungen schnell herbeizuführen, ohne sich diesen endgültig zu unterwerfen. Dadurch werden längere Baustillstände und damit auch Schäden vermieden.

Die vorläufige Bindungswirkung der getroffenen Entscheidung verfällt, wenn der Fall endgültig vor einem staatlichen Gericht oder einem Schiedsgericht entschieden wird. Die Adjudikation hat gewisse Ähnlichkeiten mit dem Schiedsgutachten, da diese sich auch nur auf die Teilaspekte der rechtlichen Klärung beschränkt. Doch hier geben die Parteien, auch wenn nur vorläufig, die Kontrolle über das Verfahren an den neutralen Dritten ab.

6.3 Vorteile einer Kooperation durch Schlichtung

6.3.1 Unternehmerisches Denken

Gerade als Unternehmer denkt man weniger emotional, sondern vielmehr effizient. Die Inanspruchnahme eines Schlichters ist in der Regel günstiger als die Bezahlung von Anwälten und Gerichtskosten. Hinzu kommen noch bei den Unternehmen die Opportunitätskosten, wie z. B. die Belastung von Geschäftsbeziehungen, die Inanspruchnahme eigener Mitarbeiter und das Stocken von laufenden Projekten. Vor allem der Erhalt von Geschäftsbeziehungen bei einem Schlichtungsverfahren ist für einen Unternehmer ein ganz wichtiger Vorteil. Auch die Tatsache, dass das Verfahren nicht öffentlich verläuft, bietet dem Unternehmen eine Möglichkeit die sensiblen Daten zu schützen.[168]

6.3.2 Objektive Chanceneinschätzung

Oft werden die Erfolgsaussichten auf den Gewinn eines Prozesses sowohl von der Partei selbst, als auch von seinem Rechtsanwalt deutlich überschätzt. Infolgedessen liegt oft die Summe der Prozentsätze, mit denen die Parteien ihre Siegchancen bewerten, deutlich über hundert Prozent. Das Verfahren der Schlichtung bietet beiden Parteien eine objektive Chanceneinschätzung der Sachlage für den neutralen Dritten. Gerade dieser Realitätstest bringt oft Bewegung in Verhandlungen, nachdem die Parteien ihre realistischen Chancen erfahren. [169]

6.3.3 Verantwortungsteilung

Ein Vergleich vor Gericht zu schließen bedeutet Abstriche zu machen. Selten werden solche Vergleiche vom Unternehmensinhaber selbst, sondern vielmehr von

[168]Andreas May, Senta May, Nils Goltermann, Schlichtung in der wirtschaftsrechtlichen Praxis, Wolfgang Metzner Verlag 2018, S.50
[169]Andreas May, Senta May, Nils Goltermann, Schlichtung in der wirtschaftsrechtlichen Praxis, Wolfgang Metzner Verlag 2018, S.51-52

Personen, die nicht über ihr eigenes Geld entscheiden, geschlossen. In der Praxis ist es oft genug vorgekommen, dass die Inhabervertreter ohne Not die Konflikte in einen Prozess laufen ließen, ohne ernsthaft darüber nachzudenken eine sinnvolle Einigung zu erzielen. Hier herrscht faktisch die Meinung, dass man keinen Fehler macht, wenn die Sache gerichtlich geklärt wird. Diese Vorstellung berücksichtigt jedoch nicht die Tatsache, dass ein Gerichtsurteil deutlich nachteiliger ausfallen kann als ein Vergleich. Wenn der Verhandlungsführer gegenüber dem vorgesetzten Gremium einen kompetenten und gut begründeten Schlichterspruch präsentiert, wird er sich kaum dem Vorwurf einer mangelnden Prüfung oder Willkür unterstellen können.[170]

6.3.4 Einwandfreie Dokumentation und Rechtfertigung

Ein Schlichterspruch wird samt den tragenden Gründen einer Empfehlung gründlich dokumentiert. Dies erleichtert es dem Verhandlungsführer das Ergebnis seinem Vorgesetzten, bzw. Inhaber zu präsentieren und entlastet diesen somit von seiner empfundenen Verantwortung umso mehr. So können sich auch andere an der Schlichtung nicht beteiligte Personen von der Entscheidung überzeugen, bzw. damit befassen. Wenn die Kompetenz des Schlichters hinter der gefundenen Lösung steht, lässt sich die Einigung in der Regel intern einfacher vermitteln.[171]

6.3.5 Verjährungshemmung

Eine Schlichtung hat auch einen juristischen Nebeneffekt. Nach § 203, S.1 BGB hemmt die Verjährung über den Anspruch oder den Anspruch begründete Umstände, solange zwischen dem Schuldner und dem Gläubiger die Verhandlungen schweben. Ein Schlichtungsverfahren kann auf jeden Fall als eine Verhandlung ausgelegt werden. Somit muss keine der Parteien befürchten, dass während der

[170] Andreas May, Senta May, Nils Goltermann, Schlichtung in der wirtschaftsrechtlichen Praxis, Wolfgang Metzner Verlag 2018, S.52-53
[171] Andreas May, Senta May, Nils Goltermann, Schlichtung in der wirtschaftsrechtlichen Praxis, Wolfgang Metzner Verlag 2018, S.53

Schlichtung die Verjährung ihrer Ansprüche eintritt. Unsicherheiten bestehen nur bezüglich des genauen Beginn- und Endpunktes dieses Verfahrens. Es wird daher empfohlen die Dauer der Verjährung zusätzlich in der Schlichtungsvereinbarung zu regeln.[172]

6.4 Projektbegleitende Schlichtung

Unter der Abwägung aller vorher geschilderten Möglichkeiten einer alternativen Streitbeilegung ist der Verfasser der Meinung, dass sich für die kooperative Durchführung von Bauprojekten eine projektbegleitende Schlichtung nach dem Modell – Adjudikation am besten eignet.

Es bietet sich zum einen die Möglichkeit, die Konflikte bereits in ihren früheren Stadien zu bearbeiten und zu lösen. Zum anderen verhindert solch eine projektbegleitende Schlichtung den Stillstand und einen daraus resultierenden, möglichen Schaden, ohne sich rechtlich endgültig zu binden. Es besteht jedoch die Möglichkeit vorläufige verbindliche Entscheidungen zu treffen, was für den Baufortschritt essentiell ist.

Die Möglichkeit solch einer baubegleitenden Schlichtung wird der Verfasser in seinen nachfolgenden Kapiteln noch etwas ausführlicher beleuchten.

[172]Andreas May, Senta May, Nils Goltermann, Schlichtung in der wirtschaftsrechtlichen Praxis, Wolfgang Metzner Verlag 2018, S.73

7 Praxisbezogene Problemdarstellungen und deren Lösungsansätze

„Wenn du Probleme mit Geld lösen kannst, dann sind das keine Probleme, sondern Ausgaben"

Eine hebräische Weisheit

7.1 Pufferzeiten

7.1.1 Verschleierung der Pufferzeiten in einem Terminplan

Wenn in einem Bauvertrag verbindliche Vertragstermine z. B. in Form eines Bauzeitenplanes vereinbart werden, kommt es oft vor, dass der Arbeitsvorbereiter des Unternehmers für sich mehrere zusätzliche und eigentlich nicht kalkulierte, zeitliche Reserven für die Ausführungszeiträume sichert. Die sogenannten *„Pufferzeiten"*.

Ebenfalls kommt es auf einer Baustelle sehr oft vor, dass der Bauablauf durch eine vom Auftraggeber verursachte Störung oder Behinderung negativ beeinträchtigt wird. Dies führt wiederum zu Produktivitätsverlusten oder sogar zum Stillstand, der auf der Baustelle eingesetzten menschlichen und maschinellen Kapazitäten und produziert dadurch zusätzliche Kosten. Der Unternehmer verlangt sodann von seinem Auftraggeber eine zusätzliche Vergütung oder eine Erstattung der angefallenen Kosten. In diesem Zusammenhang wendet der Auftraggeber oft ein, dass der Unternehmer seine Pufferzeiten einsetzen soll um den entstandenen Zeitverzug auszugleichen.

Es stellt sich demnach die Frage, ob der Auftraggeber den vom Unternehmer ausgewiesenen Puffer in Anspruch nehmen darf, bzw. der Unternehmer seinen Puffer im Zuge der Mitwirkungs- und Kooperationspflichten dem Auftraggeber zur Verfügung stellen muss.

Somit ist folgende Frage zu klären: Wem „gehört“ eigentlich der Puffer?[173] *Prof. Dr. Ralf Schottke* und *Prof. Dr. jur .Bastian Fuchs LL.M* haben sich bereits mit diesem Thema beschäftigt, sodass nachfolgend lediglich eine kurze Zusammenfassung, insbesondere unter dem Schwerpunkt der Kooperationspflichten, erfolgen soll.

Grundsätzlich kann sowohl die Auffassung, dass der Puffer dem Arbeitnehmer, als auch dem Arbeitgeber gehört, vertreten werden. Die Überlegung von *Prof. Dr. Ralf Schottke* spricht dafür, dass der Puffer dem AN gehört, da es nicht sein kann, dass der AG diesen Puffer im Falle einer Bauablaufstörung aufbraucht und im weiteren Verlauf den AN in Verzug setzt und weiter Schadensersatz und Vertragsstrafe beansprucht, falls der AN später schuldhaft die Bauzeit überschreitet und keinen Puffer mehr hat um diese Verzögerung auszugleichen.[174]

Andererseits hat der AN nach § 6 Abs.3 VOB/B i.V.m. nach § 254 BGB alles zu tun, was ihm billigerweise zugemutet werden kann um die Weiterführung der Arbeiten zu ermöglichen. Untermauern könnte man diese Überlegung auch mit den §§ 138 und 242 BGB. Aus dieser o. g. Argumentation heraus wird auch der Grundsatz hergeleitet, dass eine Behinderung nur dann vorliegt, wenn sich der betroffene Vorgang auf dem kritischen Weg befindet. [175]

Im Ergebnis kann es natürlich nicht sein, dass der Unternehmer einen für den Auftraggeber entstehenden Schaden tatenlos zur Kenntnis nehmen kann, wohlwissend, dass er diesem Schaden eigentlich entgegen wirken könnte. Weiterhin kann ebenfalls nicht sein, dass der Unternehmer z. B. die Arbeiten einstellt und die Baustelle ruhen lässt oder ein fertiggestelltes Bauwerk nicht zur Nutzung übergibt, ausschließlich weil er seine zur Verfügung stehende Pufferzeit nutzen möchte.

[173] Ralf Schottke, Bastian Fuchs, Wem „gehört“ der Puffer?, Privates Baurecht, Werner Verlag 2010, S.63
[174] Ralf Schottke, Bastian Fuchs, Wem „gehört“ der Puffer?, Privates Baurecht, Werner Verlag 2010, S.65
[175] Ralf Schottke, Bastian Fuchs, Wem „gehört“ der Puffer?, Privates Baurecht, Werner Verlag 2010, S.75

Daher muss der Auftraggeber gemäß *Prof. Dr. Ralf Schottke* das Recht haben, zum Zwecke der Schadensminimierung oder – vermeidung, den Puffer vom AN in Anspruch zu nehmen, falls der AN diesen nicht selbst benötigt.[176] Allerdings kann diese Beurteilung ausschließlich nur ex post erfolgen, wenn die geschuldeten Leistungen, für die der Puffer vorgesehen war, erbracht worden sind. [177]

Auch *Dr. Matthias Drittler* ist der Auffassung, dass sowohl die entdeckten, als auch offen ausgewiesenen Zeitreserven dem Auftragnehmer gehören, damit er seine eigenen Terminrisiken auffangen kann. Allerdings soll der Auftragnehmer im Falle der übrig gebliebenen, zeitlichen Reserven diese vor dem Hintergrund seiner Folgeminderungspflicht dem Auftraggeber zur Verfügung stellen.

„Keinesfalls darf der Auftragnehmer stur an seinem Ablaufplan festhalten, vielmehr muss er auf Behinderungen flexibel reagieren." [178]

Prof. Dr. Klaus Eschenbruch vertritt hier eine ähnliche Meinung und zwar dass es heute als geklärt angesehen werden kann, dass Terminpuffer unabhängig davon, ob er in einem Vertrag oder Terminplan explizit vorgesehen oder später zufällig entstanden ist, nicht einer der beiden Parteien per se zusteht. Sofern der Vertrag keine dahingehend besondere Vereinbarung vorsieht, stehen die Terminpuffer im Rahmen eines Werkvertrages grundsätzlich dem Auftragnehmer zu. Soweit der AN allerdings diese Pufferzeiten für die Erbringung seiner vertraglich geschuldeten Leistung nicht mehr benötigt, soll der Auftraggeber hierauf zugreifen dürfen.[179]

Alle diese oben genannten Überlegungen, bzw. Festlegungen, können allerdings aus der praxisbezogenen Überlegung sehr wohl dazu führen, dass der Unternehmer seinen kalkulierten Puffer nicht offen darstellt, sondern in den unterschiedli-

[176] Ralf Schottke, Bastian Fuchs, Wem „gehört" der Puffer?, Privates Baurecht, Werner Verlag 2010, S.75
[177] Ralf Schottke, Bastian Fuchs, Wem „gehört" der Puffer?, Privates Baurecht, Werner Verlag 2010, S.88
[178] Matthias Drittler, Nachträge und Nachtragsprüfung, Werner Verlag 2017, 3 Auflage, S. 432
[179] Klaus Eschenbruch, Bauvertragsmanagement, Werner Verlag 2017, S.327

chen Vorgängen „versteckt". Dies kann wiederum nicht im Sinne der Kooperation sein.

Die Lösung der o. g. Problematik könnte wie folgt aussehen:

Sobald festgelegt werden soll, dass der AG den nicht benutzten, bzw. gebrauchten Puffer des AN einsetzen, bzw. verbrauchen darf, stellt sich die Frage mit welchen Konsequenzen dieses Recht für den AG verbunden ist. Dem Unternehmer dürfen natürlich aus dieser Mitwirkung heraus weder monetäre, noch zeitliche, noch andere Nachteile entstehen. Ferner soll der AN für seine Kooperation eine angemessene Erstattung erhalten.

Ein Lösungsvorschlag von *Prof. Dr. Ralf Schottke* wäre eine Fortschreibung des Terminplanes unter der Berücksichtigung des Puffers als eigenständiger Vorgang in einem Bauzeitenplan. Sollte sich demnach ex post herausstellen, dass der AN seinen kalkulierten Puffer nicht gebraucht und dem AG zur Verfügung gestellt hat, so müssen die eingesetzten Zeitreserven für den AN erhalten bleiben. Somit wird gewährleistet, dass der AN später seine Reserven im Falle der schuldhaften Eigenverzögerung weiterhin nutzen kann.[180] Hier stellt sich der Verfasser allerdings die Frage, wie dann die folgende Problematik gelöst werden könnte:

Der Auftragnehmer kalkuliert seine Zeitreserven im Sommer und muss sie dem Auftraggeber auch im Sommer zur Verfügung stellen. Durch die Fortschreibung der Pufferzeiten erhält der Auftragnehmer seine „verbrauchten" zeitlichen Reserven zwar in der gleichen Zeitmenge wieder zurück, allerdings im Winter. Zu dieser Zeit kann der Unternehmer aber diese zurückerhaltenden Zeitreserven nicht oder nicht so effektiv wie im Sommer nutzen?

Ein Vorschlag vom Verfasser ist eine Regelung, die eine Vertragsstrafe grundsätzlich ausschließt, bzw. als hinfällig ansieht nachdem der Unternehmer dem Besteller seine Pufferzeiten zur Verfügung gestellt hatte. Die Ausnahme soll hier darin bestehen, dass die Vertragsstrafen durch die beiden Vertragsparteien im Einvernehmen ausdrücklich vorbehalten bleiben, bzw. neu vereinbart werden.

---

[180] Ralf Schottke, Bastian Fuchs, Wem „gehört" der Puffer?, Privates Baurecht, Werner Verlag 2010, S.76-80

Die Anspruchsgrundlage hierfür lässt sich aus Sicht des Verfassers aus den folgenden Überlegungen in der Fachliteratur bzw. Rechtsprechung ableiten:

Nach *Prof. Dr. Jochen Markus* entfällt der Verzugsstrafenanspruch inkl. Vertragsstrafe und Vertragsfristen insgesamt, insofern die durch AG verursachte Fristverlängerung so erheblich ist, dass der „Zeitplan" des Auftragnehmers vollständig umgeworfen wird. [181]

Dr.-Ing. Matthias Drittler führt auch auf, dass eine durch eine Behinderung aus dem Risikoreich des Auftraggebers erheblich verzögerte Bauausführung, eine Hinfälligkeit der Vertragsstrafenzusage bedeuten kann.[182]

Auch *Prof. Dr. Rolf Kniffka* bestätigt in seinem mit Herrn *Dr. Wolfgang Koeble* herausgegebenen *„Kompendium des Baurechts"*, dass die Vertragsstrafenvereinbarung insgesamt hinfällig wird, wenn durch den Auftraggeber bedingte Verzögerungen den Zeitplan völlig aus dem Takt bringen. [183]

Gefestigt wird dieser Standpunkt durch die gängige Rechtsprechung. So wird bereits in dem Leitsatz des *BGH-Urteils vom 14.1.1999 – VII ZR 73/99* auf den Entfall der Vertragsstrafe Bezug genommen:

„Den Auftragnehmer trifft die Darlegungs- und Beweislast für seine Behauptung, er habe die Fristüberschreitung nicht zu vertreten oder durch von ihm nicht zu vertretende Umstände sei der Zeitplan so gestört, daß ein Anspruch auf Vertragsstrafe ganz entfällt." [184]

Weiter konkretisiert das oberste Gericht in seiner Urteilsbegründung die Prüfungsnotwendigkeit eines möglichen Entfalls der Vertragsstrafe.

---

[181] Jochen Markus, Beck´sche Kurz Kommentare, Kapellmann/Messerschmidt, C.H.Beck oHG Verlag, 6 Auflage 2018, S.1081

[182] Matthias Drittler, Nachträge und Nachtragsprüfung, Werner Verlag 2017, 3 Auflage, S.509; BGH „Vertragsstrafe hinfällig I", BauR 1993, 600, 601; KG "Mengenmehrung, Vertragsstrafe", NZBau 2014, 629, 630

[183] Rolf Kniffka, Wolfgang Koeble, Kompendium des Baurechts, C.H.Beck oHG Verlag, 4 Auflage 2014, S.599

[184] Urteil BGH vom 14.01.1999 – VII ZR 73/99

„Für den Fall, daß sich die Fertigstellungsfrist infolge von der Klägerin nicht zu vertretender Umstände verlängert, wird das Berufungsgericht zu prüfen haben, ob der Zeitplan durch die Verzögerungen der Vorunternehmer so außer Takt geraten ist, daß die Vertragsstrafe nicht mehr geltend gemacht werden kann." [185]

Auch OLG Düsseldorf verfolgt in seinem Beschluss vom 19.04.2012 den gleichen Kurs:

„Eine vereinbarte Vertragsstrafe bezieht sich auf einen einvernehmlich verschobenen Fertigstellungstermin regelmäßig nur dann, wenn sie ausdrücklich auch für diesen verschobenen Termin - gesondert oder durch Bezugnahme auf den Ursprungsvertrag - vereinbart worden ist oder zumindest bei der Veränderung der Ausführungsfrist festgelegt worden ist, dass im Übrigen die vertraglichen Bestimmungen (insbesondere zur Vertragsstrafe) gleichwohl fortgelten sollen. Die Vereinbarung einer Vertragsstrafe wird insgesamt hinfällig, wenn durch den Auftraggeber bedingte Verzögerungen den Zeitplan völlig aus dem Takt gebracht haben und den Auftragnehmer zu einer durchgreifenden Neuordnung des ganzen Zeitablaufs zwingen. Dies gilt insbesondere im Fall von verzögerten Mitwirkungshandlungen des Auftraggebers bzw. fehlender von ihm zu stellender Vorgewerke." [186]

Dem Verfasser ist sehr wohl bewusst, dass die o. g. Ausführungen alle gemeinsam eine entscheidende Voraussetzung haben: Die zeitlichen Beeinträchtigungen müssen so schwerwiegend sein, dass sie sich *„fühlbar auswirken"*.[187] Aber gerade das wird doch durch den Einsatz vom ungebrauchten Puffer vermieden!

Also stellt sich die Frage: Müssen wir wirklich abwarten und diese „fühlbaren Auswirkungen" zunächst zulassen, ehe der Unternehmer von seiner Vertragsstrafe entlastet wird? Oder darf der AN für seine Kooperation aufgrund dessen, dass er

[185] Urteil BGH vom 14.01.1999 – VII ZR 73/99
[186] OLG Düsseldorf, Beschluss I-23 U 150/11 vom 19.04.2012
[187] Matthias Drittler, Nachträge und Nachtragsprüfung, Werner Verlag 2017, 3 Auflage, S.509

gerade diese schwerwiegenden Bauablaufstörungen durch seine Mitwirkung verhindert, mit dem Entfall der Vertragsstrafe „belohnt" werden?

7.1.2 Ungenutzter Puffer

Spannend ist die Frage, die während meines Studiums im Rahmen des Moduls F5 „Bauprojektmanagement und Bauablaufstörungen" behandelt wurde. Die Ausgangssituation wurde wie folgt dargestellt:

Ein Auftraggeber und ein Auftragnehmer schließen einen Bauvertrag mit einer vertraglich vereinbarten Bauzeit von 10 Monaten ab. Diese Frist ist auch individuell ausgehandelt und gilt als ein verbindlicher Vertragstermin. Tatsächlich kalkuliert der Unternehmer mit 9 Monaten Herstellungszeit, die für ihn auch für die Herstellung tatsächlich erforderlich wäre und einem Puffer von 1 Monat. Weiterhin kalkuliert der Unternehmer 200.000,00 € an zeitabhängigen Baustellengemeinkosten, die er auf 9 Monate verteilt. Daraus ergibt sich ein monatlicher Betrag an BGK i. H. von 22.222 €.

Der Puffer wird nicht mit Baustellengemeinkosten beaufschlagt, da davon ausgegangen wird, dass diese Zeitreserve nicht erforderlich ist und die Kosten dafür daher auch nicht anfallen werden. Während des Bauablaufes kommt es zu einer durch den Auftraggeber verursachten Störung zu einer Zeitverzögerung von 1 Monat. Das geschuldete Werk wird jedoch vertragsgemäß nach 10 Monaten fertiggestellt. Die vereinbarten Vertragsfristen bleiben unverändert. Die tatsächlich angefallenen Baustellengemeinkosten setzten sich sodann wie folgt zusammen:

9 Monate (kalkulierte Herstellungszeit) x 22.222 € = 200.000 €

1 Monat (durch AG in Anspruch genommene Pufferzeit) x 22.222 € = 22.222 €

Gesamt: 10 Monate x 22.222 € = 222.222 €

Der Auftragnehmer kann nachweisen, dass er aufgrund seiner Leistungswerte das versprochene Werk in der von ihm kalkulierten Zeit von 9 Monaten hätte tatsächlich herstellen können. Durch die Pufferzeit ergibt sich eine Überkalkulation. Letztendlich beansprucht der Auftragnehmer eine zusätzliche Vergütung i. H. von 22.222 €, obwohl die vertraglich vereinbarte Bauzeit unberührt geblieben ist.

Wie bereits in Kapitel 6.1.1 dargestellt, sollte der Auftraggeber den von dem Auftragnehmer unbenutzten Puffer in Anspruch nehmen dürfen. Dem Auftragnehmer darf daraus jedoch kein Nachteil entstehen. Daher ist der Verfasser der Meinung, dass im hiesigen Fall der Unternehmer seinen zusätzlichen Vergütungsanspruch i. H. von 22.222 € auch berechtigterweise wahrnehmen möchte.

In diesem Zusammenhang soll auch ernsthaft in Betracht gezogen werden, dass der Auftraggeber ein einseitiges Recht zur Anordnung einer Beschleunigung erhalten soll. [188]

Ebenso hoch interessant wäre es, unseren hiesigen Fall unter diesem Aspekt weiter zu entwickeln. Was wäre, wenn der Auftraggeber eine Beschleunigungsmaßnahme einseitig anordnet und dadurch die vereinbarte Bauzeit auf 9 Monate verkürzt?

Außer den durch die Anordnung kausal verursachten Beschleunigungskosten hat der Unternehmer darüber hinaus auch einen Anspruch auf Vergütung aufgrund des nicht genutzten Puffers? An dieser Stelle vertritt der Verfasser die Meinung, dass diese Kosten nicht kalkuliert waren und auch tatsächlich nicht angefallen sind. Der Unternehmer muss im Zuge seiner Kooperationspflichten diese Zeitreserve gegebenenfalls unentgeltlich den Bauherren zur Verfügung stellen.

[188] Ralf Schottke, Bastian Fuchs, Wem „gehört" der Puffer?, Privates Baurecht, Werner Verlag 2010, S.86

7.1.3 Gewinnbeteiligung vom Auftragnehmer

Die Privilegierung der VOB/B wird im AGB-Recht durch ihre Ausgewogenheit begründet. Bei dieser Gelegenheit stellt sich der Verfasser die Frage: Wenn auf der rechten Seite der Waage § 17 VOB/B – „Vertragsstrafe“ liegt, was sollte auf die linke Seite der Waage gelegt werden, damit sie im Gleichgewicht bleibt? Hierdurch wird die Ausgewogenheit des VOB/B vom Verfasser in Frage gestellt.

Das Pendant zu dem § 17 VOB/B –„Vertragsstrafe“ könnte eine vom Gesetz her verpflichtende und von der vertraglichen Vereinbarung unabhängige Gewinnbeteiligung des Auftragnehmers durch den Auftraggeber sein, falls ihm durch ein geschicktes, bzw. engagiertes Handeln (z. B. Einsatz des Zeitpuffers) des Auftragnehmers nachweislich ein wirtschaftlicher Vorteil entsteht.[189] Dieser Vorteil muss natürlich ursächlich ausschließlich aus dem o. g. Handeln des AN entstehen und auch nachgewiesen werden.

Zum Beispiel übergibt der Unternehmer dem Bauherrn ein Hotel bereits 3 Monate vor der vereinbarten Fertigstellung. Daraus kann der Bauherr durch eine vorgezogene Nutzung 3 Monate lang nachweislich zusätzliche Gewinne einfahren, mit denen er nicht gerechnet hat. In diesem Fall wäre es denkbar, dass der Unternehmer für seine Kooperation und Engagement mit einer Gewinnbeteiligung belohnt werden kann.

Die Anspruchsgrundlage dafür könnte sich aus der §§ 677, 683 und 684 BGB ergeben:[190]

§ 677 Pflichten des Geschäftsführers

Wer ein Geschäft für einen anderen besorgt, ohne von ihm beauftragt oder ihm gegenüber sonst dazu berechtigt zu sein, hat das Geschäft so zu führen, wie das Interesse des Geschäftsherrn mit Rücksicht auf dessen wirklichen oder mutmaßlichen Willen es erfordert.

---

[189] Ralf Schottke, Bastian Fuchs, Wem „gehört“ der Puffer?, Privates Baurecht, Werner Verlag 2010, S.87-88
[190] Ralf Schottke, Bastian Fuchs, Wem „gehört“ der Puffer?, Privates Baurecht, Werner Verlag 2010, S.87-88

§ 683 Ersatz von Aufwendungen

Entspricht die Übernahme der Geschäftsführung dem Interesse und dem wirklichen oder dem mutmaßlichen Willen des Geschäftsherrn, so kann der Geschäftsführer wie ein Beauftragter Ersatz seiner Aufwendungen verlangen. In den Fällen des § 679 steht dieser Anspruch dem Geschäftsführer zu, auch wenn die Übernahme der Geschäftsführung mit dem Willen des Geschäftsherrn in Widerspruch steht.

§ 684 Herausgabe der Bereicherung

Liegen die Voraussetzungen des § 683 nicht vor, so ist der Geschäftsherr verpflichtet, dem Geschäftsführer alles, was er durch die Geschäftsführung erlangt, nach den Vorschriften über die Herausgabe einer ungerechtfertigten Bereicherung herauszugeben. Genehmigt der Geschäftsherr die Geschäftsführung, so steht dem Geschäftsführer der in § 683 bestimmte Anspruch zu.

In einem VOB/B Vertrag wäre eine mögliche Anspruchsgrundlage auf Grundlage des § 2 Abs. 8 Satz 2 VOB/B zu untersuchen. Dazu müssen drei Voraussetzungen gleichzeitig erfüllt werden:

- Die erbrachte Leistung muss für die Erfüllung des Vertrages notwendig sein
- Die erbrachte Leistung muss den mutmaßlichen Willen des AG entsprechen
- Die erbrachte Leistung muss unverzüglich angezeigt werden

Im Falle einer Bauzeitverkürzung wäre die unverzügliche Anzeige der erbrachten Leistungen durch die Fertigstellungsanzeige erfolgt.

Sollte der Bauherr das hergestellte Werk auch frühzeitig abnehmen, ferner auch in Betrieb nehmen und daraus nachweislich zusätzliche Gewinne schöpfen, so kann davon ausgegangen werden, dass dies seinem mutmaßlichen Willen entspricht.

Die Notwendigkeit der erbrachten Leistung ergibt sich schließlich aus der Schadensminderungspflicht nach § 254 BGB. Falls nämlich der Unternehmer die Möglichkeit hat dem Besteller zusätzliche Gewinne zu erwirtschaften, dies jedoch unterlässt, kann auch diese Unterlassung und demzufolge Entfall des zusätzliches Gewinnes auch aus Sicht des Verfassers als Schaden deklariert werden. Daher ist diese mögliche frühere Fertigstellung als notwendig anzusehen.

Somit erfüllen sich auch alle Kriterien einer Anspruchsgrundlage für die Gewinnbeteiligung des Unternehmers aus § 2 Abs. 8 VOB/B.

Solch eine Regelung würde die Ausgewogenheit der VOB/B wiederherstellen und deren Kooperationsgedanken verstärken. Andererseits würde diese Regelung den Diskussionsrahmen thematisch erweitern:

Falls der Unternehmer, aufgrund der von den Bauherren verursachten Behinderungen, nicht frühzeitig fertig sein konnte, obwohl er es eigentlich hätte sein können und somit keinen Vorteil für den AG erarbeiten konnte und nun auf die Gewinnbeteiligung verzichten muss, kann er hierfür einen monetären Anspruch stellen?

Falls der Auftraggeber eine Beschleunigungsmaßnahme anordnet und der Unternehmer dadurch frühzeitig fertig wird, darf er auch über die Beschleunigungskosten hinaus eine Gewinnbeteiligung verlangen?

Diese Fragen müssen auf einer juristischen Ebene geklärt werden. Einen unverbindlichen Vorschlag hierzu seitens des Verfassers folgt in Kapitel 8.

7.2 Gemeinsame Fortschreibung der Terminpläne

Oft wird nach der erfolgten Leistungsänderung nach § 1 Abs. 3 oder 4 VOB/B eine neue Terminierung der Leistungsfertigstellung notwendig. Meistens wird das zum Gegenstand reger Diskussionen in den baubegleitenden Beratungen. Dabei versucht der Vertreter der Bauherren den Unternehmer auf einen neuen, möglichst knappen Vertragstermin zu verpflichten. Der Auftragnehmer versucht seinerseits für sich möglichst viele Zeitreserven und Sicherheiten in der neuen Terminierung zu beanspruchen.

Hier kann, aus Sicht des Verfassers, das Problem nur gemeinsam gelöst werden, indem die beiden Parteien die neue Situation gegenseitig offen darlegen. Der Auftraggeber soll an der Stelle alle terminlichen und monetären Konsequenzen aus der geänderten Planung offen darstellen. Der Unternehmer müsste seinerseits auch dazu verpflichtet sein, die Folgen der neuen Terminsituation offen darzulegen, bzw. nachzuweisen.

Auf Grundlage dessen, soll unter der Berücksichtigung des § 254 BGB ein neuer gemeinsamer Termin festgelegt werden. Eine Regelung, die besagt, dass solch ein gemeinsam festgelegter Termin z. B. nach 3 Tagen automatisch zu einem verbindlichen Vertragstermin wird, ist denkbar. Allerdings sollen hier die Überlegungen aus dem Kapitel 6.1.1 hinsichtlich der Vertragsstrafe nicht außer Acht gelassen werden.

7.3 Gemeinsame Dokumentation

Das Thema „gemeinsame Zustandsfeststellung" und „gemeinsames Aufmaß" wurde in der Fachliteratur bereits sehr umfassend erläutert. Die herrschende Meinung hinsichtlich der Konsequenzen bei einer Verweigerung eines gemeinsamen Aufmaßes ist auch hinlänglich bekannt.

In diesem Kapitel möchte der Verfasser eine andere nicht weniger wichtige Problematik in den Fokus rücken – Störungen in den Bauabläufen.

So setzt *Herr Prof. Dr. Ralf Schottke* in seinem Vorschlag für den detaillierten Nachweis gestörter Bauabläufe unter anderem folgende Dokumentation voraus:[191]

---

[191] Ralf Schottke, Skript für Univ. Leuphana, Institut für Baubetriebswirtschaft und Baurecht, Störungen des Bauablaufes –baubetriebliche Nachweissystematik für alle Ansprüche, 2014, S. 371

- Nachweis über die Leistungsbereitschaft des Auftragnehmers
- Nachweis über tatsächlich vorhandene, zeitabhängige und leistungsabhängige Ressourcen
- Angemessenheit der kalkulierten Ressourcen und der Kalkulationsansätze

Besonders schwierig ist der Nachweis über die Leistungsbereitschaft. Hier soll vorbehaltlos eine Regelung geschafft werden, wonach die Parteien sich dazu verpflichten im Falle eines gestörten Bauablaufes, soweit notwendig, eine tägliche gemeinsame Dokumentation über die vorgehaltenen Ressourcen zu erstellen, bzw. zu bestätigen. Gleichzeitig soll dann auch die Angemessenheit beurteilt, bzw. bestätigt werden.

Eine Verweigerung an der Teilnahme soll ähnliche Konsequenzen mit sich bringen, wie die Verweigerung an der Teilnahme bei dem gemeinsamen Aufmaß. Denn solch eine Kooperation bzw. Verhalten bei einem auftretenden, gestörten Bauablauf führt mit Sicherheit zur Reduzierung oder sogar zur Vermeidung der späteren Rechtsstreitigkeiten hinsichtlich der Höhe des entstandenen Schadens.

Aus diesem Grund soll die Bereitschaft seitens des Auftragnehmers in seinem eigenen Sinne sehr hoch sein, die Folgen der Störung sehr detailliert zu dokumentieren. Aber auch die Bereitschaft des Auftraggebers die tatsächlichen Zustände, bzw. Folgen gemeinsam mit dem Unternehmer zu erfassen, bzw. zu bestätigen, sollte nicht geringer sein. Hierzu folgt ebenfalls ein Vorschlag zur Kodifizierung in Kapitel 8.

7.4 Gemeinsame Problemfeststellung und – lösung vor Ort

Besonders im Tiefbau oder Tunnelbau lassen sich die bevorstehenden technischen Probleme auch nach einer umfassenden Bodenerkundung vermeiden.

Aber auch in anderen Bauzweigen treten oft unvorhergesehene, technische Komplikationen auf. Grundsätzlich ist der Verfasser der Meinung, dass diese Tatsache als

„in einem individuellen Baufertigungsprozess nicht vermeidbar“

hingenommen werden soll. Die entsprechenden Vorkommnisse sollen sodann gemeinsam festgestellt und gelöst werden, anstatt sich mit der Schuldzuweisungproblematik wochenlang zu beschäftigen.

Wenn z. B. im Sinne des Baufortschrittes und um Zeit zu sparen, gemeinsam entschieden wird, das plötzlich aufgetretene Hindernis vorbeugend mit 20 Felsankern zu sichern, um anschließend direkt weiterarbeiten zu können, kann sich der Bauherr später nicht darauf berufen, falls sich im weiteren Bauablauf durch die nachgelieferte Statik herausstellen sollte, dass eigentlich 5 Felsanker ausgereicht hätten, dass die Kosten für die 15 Felsanker überflüssig waren und anschließend nur die tatsächlich erforderlich gewesenen 5 Felsanker vergüten.

Sobald eine gemeinsame Entscheidung getroffen wird, müssen beide Seiten die darauffolgenden Konsequenzen ebenso zusammen tragen.

Denn hätte der Unternehmer auf die Ergebnisse der Statik gewartet, wären die Stillstandkosten z. B. im Tunnelbau wesentlich höher als 15 Felsanker gewesen! Daher darf der Unternehmer aufgrund seines Handlungs- und Entscheidungswillens nicht benachteiligt werden.

Eine gemeinsame Entscheidung vor Ort soll grundsätzlich als „richtig“ angesehen werden, sonst werden in der Zukunft auf der Baustelle immer weniger Entscheidungen getroffen.

„Nichtstun darf nicht zu den größeren Vorteilen führen als Handeln“[192]

7.5 Leistungen vor Abnahme schützen. Problem des AN ?

Auch ein auf dem Bau sehr häufig diskutierter und strittiger Fall ist die Verpflichtung des Unternehmers seine bereits erbrachten Leistungen bis zur Abnahme gemäß § 4 Abs. 5 VOB/B zu schützen:

„Der Auftragnehmer hat die von ihm ausgeführten Leistungen und die ihm für die Ausführung übergebenen Gegenstände bis zur Abnahme vor Beschädigung und Diebstahl zu schützen. Auf Verlangen des Auftraggebers hat er sie vor Winterschäden und Grundwasser zu schützen, ferner Schnee und Eis zu beseitigen. Obliegt ihm die Verpflichtung nach Satz 2 nicht schon nach dem Vertrag, so regelt sich die Vergütung nach § 2 Absatz 6.“

Die Vergütung für die Verpflichtung nach Satz 2 regelt sich also nach § 2 Abs. 6 VOB/B. Jetzt stellt sich der Verfasser provokativ die Frage:

„Nach was regelt sich denn die Vergütung nach Satz 1?“

[192] Prof. Dr. Ralf Schottke

Denn der Auftragnehmer hat die von ihm ausgeführten Leistungen [...] zu schützen. Der Auftragnehmer hat diese Leistungen jedoch nicht

kostenlos,

bzw.

auf eigene Kosten

zu schützen!

Wäre es denn denkbar, dass der Unternehmer ein Bewachungsunternehmen beauftragt und die Kosten dafür dem Auftraggeber in Rechnung stellt? Eine Pflicht bedeutet, dass der Unternehmer es sich nicht aussuchen darf, ob er die Leistung erbringt oder nicht. Dies bedeutet wiederum aber auch nicht, dass er dafür keine Vergütung verlangen darf.

Damit hier vom Verfasser keine weiteren Streitigkeiten entstehen, anstatt thematisch verstärkt die Kooperationspflichten aufzugreifen und damit das Thema der Arbeit zu verfehlen, soll an der Stelle erwähnt werden, dass der Schutz der bereits erbrachten Leistung gemäß Aufwand und Angemessenheit gemeinsam beurteilt und differenziert werden soll.

Mit Sicherheit darf der Unternehmer von seinem Auftraggeber Kosten für den Schutz seiner Leistungen verlangen, die in keinem Verhältnis zu dem Wert der erbrachten Leistungen stehen. Andernfalls darf dem Unternehmer z. B. in Industrie- und Anlagebau kein ungewöhnliches Schutzrisiko für die teuren, eingebauten Anlagen übertragen werden. Der Auftraggeber soll hier auch ein berechtigtes Interesse haben diese Leistungen z. B. durch eigenes, vorhandenes Wachpersonal mit zu schützen.

Inwieweit der Unternehmer tatsächlich eine Anspruchsgrundlage für die Vergütung vom Schutz der erbrachten Leistungen hat, bedarf der rechtlichen Würdigung. Vom Verfasser folgt im Rahmen dieser Arbeit ein unverbindlicher Vorschlag in Kapitel 8.

7.6 Prüfbarkeit einer Rechnung

Wiederholt kommt es bei der Vertragsabwicklung vor, dass eine Rechnung als „nicht prüfbar“ zurückgeschickt wird. Erschwerend hinzu tritt hier oft der Fall auf, dass der Besteller sich weder richtig mit dem Inhalt der Rechnung auseinandersetzt, noch den Rechnungssteller über die Rücksendung rechtzeitig informiert, noch sonst in irgendeiner Art und Weise Kontakt aufnimmt und es zumindest versucht die Rechnung zu verstehen, bzw. sie sich durch den Rechnungssteller erklären zu lassen.

Ob durch das Zurückschicken einer Rechnung der Besteller sich von seinen Zahlungsverbindlichkeiten befreien kann oder dadurch zumindest eine fristverlängernde Wirkung erzeugt, hält der Verfasser für sehr fragwürdig. Dies bedarf jedoch wiederum einer juristischen Würdigung. Dass der Besteller sich bei solch einem Verhalten nicht kooperativ verhält, steht für den Verfasser außer jeglicher Frage.

Besonders dann, wenn die Rechnung ohne vorherige Kommunikation als

„nicht prüffähig“

mit der Begründung z. B.

„Es fehlen die Unterschiften auf den Aufmaßblättern“

oder

„Leistung noch nicht beauftragt“

Zurückgesendet und die Zahlung komplett verweigert wird, muss diese destruktive Haltung aufgrund der Verletzung der Kooperationspflichten deutliche rechtliche

Konsequenzen haben. In den meisten Fällen kann bereits alleine aufgrund der Tatsache, dass der Auftraggeber einen konkreten, förmlichen oder abrechnungstechnischen Mangel an der Rechnung rügt, belegt werden, dass er die Rechnung versteht und damit auch nachvollziehen kann.

Aus Sicht des Verfassers muss bei der Beurteilung der Prüfbarkeit eindeutig zwischen

„prüfbar", *„nicht vollständig"* und *„falsch"*

unterschieden werden.

Die Prüfbarkeit ist demnach weder an die Vollständigkeit, noch an die Richtigkeit der Rechnung gekoppelt. Somit muss die Einstiegsschwelle der Prüfbarkeit einer Rechnung sehr niedrig sein, damit die Vertragsparteien mehr Chancen und Möglichkeiten haben ins Gespräch zu kommen.

Bevor eine Rechnung zurückgeschickt werden dürfte, sollte hier ähnlich wie bei den Nachträgen[193] im Sinne einer Kooperation eine Verhandlungspflicht bestehen.

7.7 Zwingende Schlichtung vor Rechtsstreit

Gemäß § 18 Abs. 2 Satz 1 VOB/B soll der Auftragnehmer, sobald bei Verträgen mit Behörden Meinungsverschiedenheiten entstehen, zunächst die der auftraggebenden Stelle unmittelbar vorgesetzte Stelle anrufen. Dies hat der Verfasser zur Veranlassung genommen, diesen Kooperationsgedanken weiter zu entwickeln:

Die Idee wäre, eine vertraglich verpflichtende Handlung als Vorstufe zum Rechtsstreit zu definieren. Dabei soll diese Regelung nicht nur bei den Verträgen mit Behörden, sondern bei allen Verträgen greifen.

[193] Urteil BGH vom 28.10.1999 – VII ZR 393/98

Zum Beispiel sollen sich die beiden Vertragsparteien beim Vertragsschluss auf einen Schlichter einigen und diesen vertraglich fixieren. Im Falle der danach auftretenden Meinungsverschiedenheiten wären die Parteien dazu verpflichtet, sich bereits vor dem Beginn eines Prozesses einem Schlichtungsverfahren, durch den zuvor benannten Schlichter, zu unterziehen.

Jede Partei hätte dazu auch das Recht dieses Schlichtverfahren einseitig einzuberufen, sodass der Streitpartner zu der Schlichtung auch „gezwungen" werden könnte.

7.8 Einvernehmliche Vertragsauflösung

An der letzten Stelle möchte der Verfasser das Problem der Kündigung in einem VOB-Vertrag darstellen. Die Regelungen der §§ 8 und 9 VOB/B, sowie die sich daraus ergebenden Konsequenzen sind sehr polarisierend. So steht es manchmal geradezu auf „Messers Schneide", ob die ausgesprochene Kündigung einen wichtigen Grund hatte oder dann doch als „freie" Kündigung definiert wird. Der Unterschied in den monetären Folgen, der dadurch entsteht, kann für die beiden Parteien existenziell sein.

Im Falle einer berechtigten Kündigung, z. B. seitens Auftraggeber an Auftragnehmer, droht dem letzteren der Wegfall des noch ausstehenden Werklohnes und Schadensersatz wegen Nichterfüllung des Restes. Darüber hinaus droht dem Auftragnehmer weiterer Schadensersatz aus weiteren Schäden, die aufgrund der Ersatzvornahme entstehen können.

Sollte sich hingegen nachträglich herausstellen, dass die Kündigung keinen wichtigen Grund hatte, wird bildlich gesprochen *„das Messer umgedreht"* und der Auftraggeber muss in einem ungünstigen Fall die noch ausstehende Leistung doppelt vergüten. Zunächst würde dem gekündigten Unternehmer die vereinbarte Vergütung nach § 8 Abs. 2 VOB/B zustehen und darüber hinaus musste der Auftraggeber seinen neuen Auftragnehmer zusätzlich mit einer höchstwahrscheinlich höheren Vergütung entlohnen.

Daher sollte an der Stelle aus Sicht des Verfassers eine Zwischenlösung geschaffen werden, die keine entgegengesetzte Richtung bewirken kann.

Des Öfteren wird wohl der Fall vorkommen, bei dem die beiden Parteien Ihre Vertragspflichten zeitlich gleichzeitig verletzt haben, sodass sich der entscheidende Grund, welcher letztendlich zur Vertragsauflösung geführt hat, nicht adäquat kausal ermitteln lässt.

So wäre es z. B. denkbar, dass die Parteien den Vertrag einvernehmlich auflösen und sowohl auf die noch ausstehende Vergütung für die nicht erbrachten Leistungen, als auch auf den Schadensersatz verzichten. Vergütet werden demnach nur die tatsächlich erbrachten Leistungen.

Auch diese Regelung wird als Vorschlag vom Verfasser in Kapitel 8 unverbindlich formuliert.

8 Formulierungsvorschlag des § 19 VOB/B „Kooperationspflichten“

„Das Unmögliche zu schaffen, gelingt einem nur, wenn man es für möglich hält. „

Der verrückte Hutmacher

8.1 Wie hoch sind die Chancen?

Wie hoch stehen die Chancen, dass der nachfolgend formulierte Vorschlag von der DVA tatsächlich in die VOB/B übernommen wird? Nicht besonders hoch. Realistisch eingeschätzt, fast null. Das sieht der Verfasser sehr nüchtern.

DVA besteht derzeit aus 81 Mitgliedern, vertreten durch zwei private und überwiegend öffentliche Auftraggeber, die die Mehrheit bilden, sowie Verbände der Bauwirtschaft.

Die Aufgabe der DVA besteht darin, ein ausgewogenes Vertragswerk zu schaffen, welches die Interessen aller Parteien berücksichtigt, sowie dieses vor allem weiterzuentwickeln. Dieser Aufgabe kommt der DVA jedoch nur sehr begrenzt nach. Früher galt für alle Beschlüsse nur ein Einstimmigkeitsprinzip. Heute ist für eine neue Beschlussfassung immerhin nur eine Dreiviertelmehrheit notwendig.

Trotzdem führt das satzungsmäßige Ziel eine Einstimmigkeit des Vorstandes anzustreben und das allgemeine Beharrungsvermögen dazu, dass die DVA nicht gestaltet, sondern nur auf zwingenden Änderungsbedarf reagiert.

Beispielhaft dazu ist das Scheitern der beabsichtigten Novellierung 2006 zu erwähnen. Auch vom mittlerweile überholten § 16 Abs. 3 VOB/B, der einer isolierten

Inhaltskontrolle nicht standhalten würde, kann sich die DVA trotz Kritik seitens des BGH-Baurechtssenats nicht trennen. [194]

Und obwohl die Chancen gering sind, wagt es sich der Verfasser nachfolgend einen konkreten Vorschlag zum § 19 VOB/B – Kooperationspflichten zu formulieren. Wichtig ist dabei der Hinweis, dass die Formulierung von Gesetzen ganz eindeutig dem Aufgabenfeld der Juristen zugeordnet werden muss.

Der Verfasser ist kein Jurist, sondern Bauingenieur. Daher bedarf die nachfolgende Formulierung auf jeden Fall einer juristischen Würdigung, bzw. Korrektur.

Der Vorschlag ist also unverbindlich und ohne Anspruch auf Richtigkeit, bzw. Vollständigkeit.

8.2 Ist Baufortschritt ein Rechtsgut?

Warum muss diese Frage geklärt werden? Der Baufortschritt steht in einer direkten Abhängigkeit zur Kooperation. Verweigert eine Partei die Kooperation – so gefährdet sie den Baufortschritt.

Falls letztere jedoch ein Rechtsgut sein soll, so muss er auch entsprechend vom Gesetz geschützt werden. Die Kooperation wäre demnach auch im juristischen Sinne eine Pflicht und keine Obliegenheit. Die Frage wäre endlich geklärt.

Daher versucht der Verfasser nachfolgend diese Fragestellung in dem von Juristen beliebten Gutachterstil zu lösen:

---

[194] Claus von Rintelen, Beck´sche Kurz Kommentare, Kapellmann/Messerschmidt, C.H.Beck oHG Verlag, 6 Auflage 2018, S.688

I. Obersatz

Baufortschritt könnte ein Rechtsgut sein.

II. Definition

Als Rechtsgut bezeichnet man ein besonders schützenswertes Interesse einer Person.[195] Gemäß § 823 Abs.1 BGB sind insbesondere geschützte Rechtsgüter: das Leben, der Körper, die Gesundheit, die Freiheit und das Eigentum. Weiterhin nennt das Grundgesetz in Art. 1 bis 19 die grundrechtlich geschützten Rechtsgüter.

III. Subsumtion

Somit muss unter anderem das Eigentum, die Gesundheit oder das Leben von dem Baufortschritt abhängen. Der Baufortschritt wirkt entscheidend auf den Zeitpunkt des Eigentumsüberganges sowohl bei einem kleinen, privaten Hausbau, als auch bei den großen, industriellen, privaten oder öffentlichen Bauten.

Beim Bau eines Krankenhauses kann der Baufortschritt für einen Patienten, dessen Gesundheit oder sogar das Leben von dem Zeitpunkt der Inbetriebnahme, z. B. der neugebauten Chirurgieabteilung mit ihren neuen Räumen und der innovativsten Technik, abhängt, eine Überlebungsfrage bedeuten.

---

[195] Juristisches-lexikon.ra-kdk.de/eintrag/Rechtsgut.html, abgerufen am 09.02.2019 um 17:43

Die persönliche Entfaltung eines Kindes, das zum ersten Mal auf eine Schule oder einen Kindergarten gehen muss, ist von dem pünktlichen Fertigstellungstermin, möglichst noch vor Schulbeginn, bzw. Ferienende und damit auch von dem Baufortschritt abhängig.

Für einen Rentner, der krankheitsbedingt auf die tägliche Pflege und Versorgung angewiesen ist und ohne welche er auch in seiner Bewegungsfreiheit eingeschränkt ist, kann für diesen der Baufortschritt eines Pflege- bzw. Altenheimes eine Frage der Freiheit sein.

IV. Ergebnis

Sowohl das Eigentum, als auch die Gesundheit, das Leben, die Freiheit, sowie die persönliche Entfaltung einer Person, ganz gleich ob einer juristischen oder natürlichen, sind vom Baufortschritt abhängig. Demgemäß muss er gesetzlich geschützt werden. Jegliche Handlung, die diesen Baufortschritt gefährdet, wie zum Beispiel in unserem Fall die unterlassene oder verweigerte Kooperation, muss dementsprechend vom Gesetz sanktioniert werden.

Auf dieser Schlussfolgerung gründet der Verfasser die nachfolgenden rechtlichen Verpflichtungen in Bezug auf Kooperation.

8.3 Vorschlag: § 19 VOB/B – Kooperationspflichten

§ 19 Kooperationspflichten

(1.) Die Vertragsparteien eines VOB/B-Vertrages sind bei der Vertragsdurchführung zur Kooperation verpflichtet. Jegliche Meinungsverschiedenheit obliegt einer zwingenden Verhandlung. Verweigert eine Partei die Kooperation, bzw. Verhandlung, so gelten §§ 280 und 823 BGB entsprechend.

(2.) 1. Nachdem eine in sich abgeschlossene Leistung durch den Auftragnehmer erbracht wurde, ohne dass der Auftragnehmer dabei auf die für sich eingeplanten, zeitlichen Reserven zurückgreifen musste, hat der Auftragnehmer die Pflicht, diese Zugunsten des Auftraggebers, im Falle einer vom Auftraggeber verursachten Störung, Behinderung o. ä., zwecks Schadensminimierung nach § 6 Abs. 3VOB/B in Verbindung mit § 254 BGB, einzusetzen.

2. Der Auftraggeber erhält seine eingesetzten zeitlichen Reserven im Zuge der gemeinsamen Fortschreibung des Terminplanes ex ante in voller Höhe zurück und kann diese somit für die folgenden bevorstehenden Leistungen nutzen.

3. Setzt der Auftragnehmer seine zeitlichen Reserven zugunsten des Auftraggebers ein, so entfällt die Vertragsstrafe nach § 11, es sei denn, die Vertragsparteien, haben sich im Zuge der Neuverhandlung, diese ausdrücklich erneut vorbehalten.

4. Setzt der Auftragnehmer seine zeitlichen Reserven zugunsten des Auftraggebers ein, so hat der Auftraggeber die für die benötigte Zeit angefallenen Baustellengemeinkosten auf Grundlage des Hauptvertrages zu vergüten, insofern diese nicht bei der Kalkulation berücksichtigt wurden.

(3.) 1. Eine Maßnahme zur Beschleunigung des Baufortschrittes anzuordnen, bleibt dem Auftraggeber vorbehalten. Die daraus entstehenden Mehrkosten hat der Auftraggeber auf Basis der Urklakulation zu vergüten.

2. Der Auftragnehmer hat alles zu tun was ihm billigerweise zugemutet werden kann um diese Anordnung im vollen Umfang umzusetzen. Beruft sich der Auftragnehmer auf die Unzumutbarkeit der erfolgten Anordnung, so hat er diese Behauptung zu beweisen.

3. Wird der vereinbarte Werkerfolg noch vor dem vereinbarten Vertragstermin erreicht, ohne dass der Auftraggeber eine Beschleunigungsmaßnahme angeordnet hat, sodass dem Auftraggeber dadurch nachweislich ein wirtschaftlicher Vorteil entsteht, so hat der Auftragnehmer den Anspruch auf eine Beteiligung i. H. von 5 v. H. von dem durch den Auftragnehmer für den Auftraggeber daraus erwirtschafteten Gewinn.

4. Der Auftraggeber hat den Anspruch auf die Rückerstattung der Baustellengemeinkosten, die der Auftragnehmer nachweislich aufgrund der verkürzten Bauzeit erspart hatte. Der Anspruch gilt jedoch nur im Zuge der Aufrechnung mit der Gewinnbeteiligung nach § 19 Abs. 3 Satz 3.

(4.) 1. Im Fall einer auftretenden Baustörung sind die beiden Vertragsparteien dazu verpflichtet, unabhängig von der Störungsursache, bzw. Störungsverursacher, gemeinsam, die tatsächlichen Zustände und Bauumstände vor Ort gründlich zu dokumentieren. Der Auftragnehmer hat die Pflicht seine Leistungsbereitschaft, insofern vorhanden, sowie seine tatsächlich auf der Baustelle vorhandenen zeit- und leistungsabhängigen Ressourcen darzulegen und falls notwendig nachzuweisen. Der Auftraggeber ist dazu verpflichtet, die bei einer gemeinsamen Begehung festgestellten Tatsachen zu bestätigen.

2. Werden durch eine auftretende Bauablaufstörung die vereinbarten Termine hinfällig oder unbrauchbar, so werden die neuen Termine unter der Berücksichtigung der Folgen der Bauablaufstörung gemeinsam durch die beiden Vertragspartner fortgeschrieben. Die dabei betroffenen, verbindlichen Vertragstermine bleiben auch in dem gemeinsam fortgeschriebenen Terminplan als verbindlich.

3. Alle tatsächlichen, sowie in der Zukunft möglichen Folgen, die eine Bauablaufstörung verursacht hat, werden genauso wie deren Lösungsansätze durch die beiden Vertragspartner gemeinsam festgehalten, bzw. entschieden.

4. Sollte eine durch die beiden Vertragspartner gemeinsame Entscheidung zur Beseitigung der Störung vor Ort getroffen werden, so gilt sie grundsätzlich als richtig. Sie kann nicht nachträglich angezweifelt werden, auch wenn sich im weiteren Baustellenverlauf eine alternative, effektivere, bzw. kostengünstigere Entscheidung abzeichnen lässt.

(5.) Sollte dem Auftragnehmer der Schutz seiner vor der Abnahme erbrachten Leistungen nach § 4 Abs. 5 Satz 1 unzumutbar, bzw. nur mit einem unverhältnismäßigen Aufwand verbunden sein, ist gemeinsam zu entscheiden, ob dieser Schutz durch einen Dritten, nämlich einem dafür spezialisierten Fachunternehmen erfolgen soll. Die dafür anfallenden Kosten hat der Auftraggeber zu vergüten.

(6.) 1. Die Anforderungen an die Prüfbarkeit einer Rechnung ergeben sich aus den Informations- und Kontrollinteressen des Auftraggebers. Die Einwendungen des Auftraggebers über die Nichtprüfbarkeit einer Rechnung müssen so substantiiert sein, dass sie den Auftragnehmer in die Lage versetzen können die fehlenden Anforderungen an die Prüfbarkeit nachzuholen.

3. Bei Vorlage einer nicht prüfbaren Rechnung besteht seitens Auftraggeber eine Aufklärungspflicht. Der Auftragnehmer ist dazu verpflichtet bei der Aufklärung mitzuwirken und alles zu tun was ihm billigerweise zugemutet werden kann um die fehlende Prüfbarkeit wiederherzustellen. Die Prüfungsfristen gemäß § 16 VOB/B bleiben davon unberührt.

(7.) Beim Vertragsschluss sind beide Parteien dazu verpflichtet sich für eine juristische oder natürliche Person als Streitschlichter zu entscheiden, bzw. zu einigen. Diese Person ist namentlich in den Vertragsunterlagen festzuhalten. Jede Partei hat im Falle einer Meinungsverschiedenheit jederzeit das Recht einseitig ein Schlichtungsverfahren durch die zuvor vereinbarte Person anzuordnen. Die dafür anfallenden Kosten werden hälftig zwischen Auftraggeber und Auftragnehmer geteilt, unabhängig davon, wer das Verfahren anordnet.

(8.) Wird der Vertrag durch eine der Vertragsparteien beendet, so ist zunächst festzustellen, ob für die Vertragsauflösung ein wichtiger Grund bestand. Lässt sich die Tatsache nicht eindeutig ermitteln, ob für die Vertragsauflösung ein wichtiger Grund vorlag oder nicht, so haben die beiden Vertragsparteien keinen Anspruch auf Schadensersatz. Der Auftragnehmer erhält eine vereinbarte Vergütung für die tatsächlich erbrachten Leistungen.

9 Schlussbetrachtung

*„Ich bin ganz deiner Meinung", sagte die Herzogin;
„und die Moral davon ist: 'Scheine, was du bist, und sei, was du scheinst' – oder einfacher ausgedrückt:
'Sei niemals ununterschieden von dem, als was du jenem in dem, was du wärst oder hättest sein können,
dadurch erscheinen könntest, dass du unterschieden von dem wärst,
was jenen so erscheinen könnte, als seiest du anders!"*

Alice im Wunderland

Glaubt man den statistischen Erhebungen[196], so müssten 90% aller Werkvertragsrechtsstreitigkeiten wohl aus dem Bausektor kommen. Man könnte darüber diskutieren, ob die Ursache dafür in der Eigenart eines Bauvertrages liegt, der zwar von Beginn an zunächst eine Kooperation voraussetzt, jedoch später in seiner Umsetzung doch sehr viel Konfliktpotenzial mitliefert oder ob es von dem am Bau beteiligten Personenkreis ausgeht, der zu einer besonders streitsüchtigen Bevölkerungsgruppe dazugehört.

Ein renommierter Schriftsteller und Philosoph [197] hatte mal gesagt:

„Die Persönlichkeit eines Menschen setzt sich zusammen aus der Summe seiner Entscheidungen".

Natürlich könnte man in seinem Schlusswort lange darüber ausführen, dass gerade die Großprojekte sehr konfliktanfällig sind, dass bei deren Abwicklung auch ein

---

[196] Nicklisch, JZ 1984, 757, 758
[197] Albert Camus

sehr hoher Zeit- und Kostendruck besteht, dass sehr oft Planungsfehler und unrealistische Zielsetzungen allen Beteiligten das Leben am Bau sehr schwer machen und dadurch auch Streitigkeiten fördern.

Doch am Ende ist jeder für sich eine Persönlichkeit und jeder für sich trifft die Entscheidung alleine - streiten oder kooperieren – alles andere sind lediglich Ausreden.

Erfahrungsgemäß entstehen Konflikte während der Projektentwicklung oft gar nicht auf einer sachlichen, sondern viel mehr persönlichen Ebene. Als Resultat tritt mittlerweile vermehrt der Fall auf, dass Fachkräfte mit Krankheiten wie *„Burnout"* oder *„Depression"* über längere Zeit ausfallen und danach bestenfalls sehr mühselig und langsam den Weg zurück in den beruflichen Alltag wiederfinden. Oft gehen hier sehr gute Spezialisten durch solche Krankheiten, bedingt durch eine konfliktbehaftete und meistens auch aggressive Vorgehensweise bei der Projektabwicklung, verloren und werden in der Baubranche in ihrer derzeitigen Hochkonjunkturphase schmerzlich vermisst.

Geht man bei der Konfliktlösung auf die persönlichen Bedürfnisse des Vertragspartners ein und begegnet diesem wertschätzend, in der Kommunikation mit Anerkennung seiner bis dahin erbrachten Leistungen und Beiträge zur Verwirklichung des Gesamtprojektes, so lassen sich Probleme ausgesprochen oft auf einer sachlichen Ebene schnell lösen.

Wenn man vor einem großen Problem steht und es nicht lösen kann, so ist es oftmals eine Hilfe das große Problem in viele kleine Probleme zu zerlegen und sie dann nacheinander zu lösen. Dieses Prinzip hat der Verfasser sehr oft erfolgreich angewendet. Meistens stellt sich heraus, dass das ungelöste Problem nur ein Bruchteil von einem Problembündel ist. Es lohnt sich also den Konflikt zunächst aus der Vogelperspektive zu betrachten. Häufig erkennt man dabei, dass sich wesentliche Problemstellungen auf ein lösbares Minimum reduzieren lassen.

Versucht man besonders am Anfang des Projektes lösungsorientiert zu denken und zu kooperieren, so wird sich dies zum Ende des Projektes auch finanziell lohnen. Das hat der Verfasser leider nicht oft genug, jedoch schon mehrmals in seiner beruflichen Praxis miterlebt.

Miteinander zu kooperieren müsste sich mehr lohnen als auf der Baustelle oder später auch vor Gericht zu streiten.

Selbstverständlich muss sich die Kooperation auch in finanzieller Hinsicht lohnen. Das Ziel eines Unternehmens ist und wird es auch bleiben – Gewinne zu erzielen. Die Frage oder ein Denkanstoß an dieser Stelle wäre, ob sich die Gewinne kurzfristig lohnen oder aber auf eine längere Sicht hin eingefahren werden sollen.

Diese Arbeit sollte einen Impuls geben darüber nachzudenken, ob wir nicht besser gemeinsam von der derzeitigen Lage profitieren und uns darauf besinnen sollten, gewissenhaft und professionell miteinander zu arbeiten und zu bauen.

Wie bereits zuvor erwähnt, soll diese Arbeit lediglich einen Denkanstoß liefern. Auch wenn sich in der Praxis nicht alle Ideen oder Vorschläge dieser Arbeit verwirklichen lassen können, so besteht bei dem Verfasser durchaus die Hoffnung, dass dieser Impuls nach einiger Zeit nicht auf einem obligatorischen Abfallplatz freundlicher Worte, verbrauchter Vorbilder und veralteter guter Sitten landet, sondern zum Nachdenken und insbesondere Umdenken anregt.

Literaturverzeichnis

Helmut Köhler, Bürgerliches Gesetzbuch (Einführung), 80 Auflage, 2017

Uwe Diederichsen und Wolfgang Sellert *(Hrsg.)*, Das BGB im Wandel der Epochen, Bd.248, 2002

Thomas Nipperdey, Deutsche Geschichte 1866-1918, Bd.II, Machtstaat vor Demokratie, 1992

Hans Schlosser, Grundzüge der Neueren Privatgeschichte, 8 Auflage, 1996

Schulte-Nölke, Das Reichsjustizamt und die Entstehung des Bürgerlichen Gesetzbuchs, 1995

Knut Wolfgang Nörr, Die Leiden des Privatrechts, 1994

Pastor Walter *(Hrsg.),* Festschrift für Hermann Korbion, 1986

Reinhard Janssen, Neues und Wissenswertes aus der Arbeit mit der VOB, 2016

Kapellmann/Messerschmidt, Beck´sche Kurz Kommentare, 2008

Heiko Fuchs, Kooperationspflichten der Bauvertragsparteien, 2003

Frank Peter Ohler, Privates Baurecht 2018

Michael Frahm, Kooperationspflichten im Bauvertrag, 2016

Messerschmidt/Voit, Privates Baurecht, 2018

Ulrich Nagel, Zahlungsforderungen sichern und durchsetzen, 2013

Markus Fiedler, Christian Zeiske, VOB Kommentare & Musterbriefe, 2014

Werner Langen, Andreas Berger, Barbara Dauner-Lieb, Kommentar zum neuen Bauvertragsrecht, 2018

Andreas May, Senta May, Nils Goltermann, Schlichtung in der wirtschaftsrechtlichen Praxis, 2018

Ralf Schottke, Bastian Fuchs, Wem gehört der Puffer? Privates Baurecht, 2010

Matthias Drittler, Nachträge und Nachtragsprüfung, 2017

Klaus Eschenbruch, Bauvertragsmanagement, 2017

Rolf Kniffka, Wolfgang Koeble, Kompendium des Baurechts, 2014

Ralf Schottke, Skript für Univ. Leuphana, Institut für Baubetriebswirtschaft und Baurecht, Störungen des Bauablaufes –baubetriebliche Nachweissystematik für alle Ansprüche, 2014

Nachschlagewerke:

Wahrig, Bertelsmann Lexikon Verlag GmbH, Gütersloh 1994
Duden, www.duden.de

Gesetzestexte und Rechtsprechungen:

Entscheidungen des Reichsgerichts in Zivilsachen, 2008

IHK Trier, Merkblatt zur Schuldrechtsreform, 2002

Deutsche Bundestag, Drucksache 18/8486, 2016

Abschlussbericht der Arbeitsgruppe Bauvertragsrecht v.18.Juni 2013, AZ 3430/25-11-470/2003, 2013

Urteil BGH vom 23.05.1996 – VII ZR 245/94

Urteil BGH vom 28.10.1999 – VII ZR 393/98

Urteil BGH vom 09.11.2000 – VII ZR 82/99

Urteil BGH vom 22.06.2003 – VII ZR 143/02

Urteil BGH vom 10.05.2007 – VII ZR 226/05

Urteil BGH vom 26.10.2000 – VII ZR 99/99

Urteil BGH vom 14.01.1999 – VII ZR 73/99

OLG Düsseldorf, Urt. v. 07.06.2000, 5 U 187/99

OLG Köln, Urt. v. 27.04.2001, 11 U 63/00

OLG Frankfurt, Urt. v. 08.10.1998, 1 U 186//96

OLG Düsseldorf, Beschluss I-23 U 150/11 vom 19.04.2012

LG Frankfurt, Urt. v. 13.11.1996, 2/4 O 385/95

BGH NJW 1958, 1535; OLG HAMM NJW-RR 1991, 1496(1497)

Bürgerliches Gesetzbuch, 2017

Vergabe- und Vertragsordnung für Bauleistungen, 2016

Zivilprozessordnung, 2018

Vergaberecht Textsammlung, 2017

FSC
www.fsc.org
MIX
Papier | Fördert
gute Waldnutzung
FSC® C083411

Kolibri 360 GmbH
Ferdinand-Jühlke-Straße 7
99095 Erfurt, Deutschland
produktsicherheit@kolibri360.de

Druck:
CPI Druckdienstleistungen GmbH
im Auftrag der
Kolibri 360 GmbH
Ferdinand-Jühlke-Str. 7
99095 Erfurt